Ralf Sotscheck
Irland – Die tückische Insel

W0247304

Ralf Sotscheck, geboren 1954, lebt seit 1985 in Dublin und ist irischer Staatsbürger. Er arbeitet als Großbritannien- und Irland-Korrespondent für die *taz* und schreibt für die Wahrheit-Seite die beliebte Montagskolumne. Zuletzt erschienen: »Nichts gegen Iren«, Berlin 2009.

Die Geschichten in diesem Buch basieren auf Kolumnen, die zwischen 1991 und 2011 auf der Wahrheit-Seite der *taz* und zum Teil in längst vergriffenen Kolumnensammlungen erschienen sind. Sie wurden für dieses Buch überarbeitet und aktualisiert.

Der Autor dankt Áine, Fionn und Ciara sowie Aribert Weis, Pat und Gill McNamara, John Meehan, Mary Quinn, Astrid Harms, Wolfgang Limmer und den Wahrheit-RedakteurInnen von 1991 bis heute.

Edition
TIAMAT
Deutsche Erstveröffentlichung
Herausgeber:
Klaus Bittermann
1. Auflage: Berlin 2011
© Verlag Klaus Bittermann
www.edition-tiamat.de
Buchumschlag unter Verwendung eines Bildes von
© TOM
ISBN: 978-3-89320-157-0

Ralf Sotscheck

Irland
Die tückische Insel

Mit Illustrationen von
© TOM

**Critica
Diabolis
188**

**Edition
TIAMAT**

INHALT

Das Händchen des Todes

Ein Vorwort

Langsam glaube ich es selbst. Meine Freunde behaupten, ich habe ein Händchen des Todes für elektrische und elektronische Geräte. Zeichner Tom zeigte mir stolz seinen unabstürzbaren Computer. Ich bewies ihm das Gegenteil. Dabei hatte ich lediglich eine Email geschrieben. Bei Redakteur Michael Ringels Handy fror der Bildschirm ein, als er mir ein Foto zeigen wollte. Er blieb erstaunlich gelassen. »Ich will mir morgen ohnehin das neue iPhone kaufen«, sagte er. »Glaubst du, ich hätte dir sonst mein Telefon in die Hand gegeben?«

Meinem eigenen schnurlosen Telefon erging es nicht besser. Es war ein Kombigerät, mit dem man auch skypen konnte. Theoretisch jedenfalls. Ich konnte weder skypen noch normale Telefongespräche führen. Mein Freund Aribert, der im Gegensatz zu mir über heilende Hände für Gerätschaften verfügt, nahm das Telefon mit und brachte es am nächsten Tag mit der Bemerkung zurück: »Bei mir funktioniert es tadellos.« Als ich es ausprobierte, brannte die Basisstation durch.

Es hatte bei mir schon in jungen Jahren angefangen: Als mein Onkel stolz seine neue Spiegelreflexkamera vorführte und ich ein Foto machen wollte, verklemmte sich der Spiegel. Das war der Auftakt, die Missgeschicke zogen sich fortan durch mein Leben. Mein großer Flachbildfernseher zeigte ohne ersichtlichen Grund grünstichige Bilder, so dass mich der Fernsehmechaniker nach dem dritten Hausbesuch bat, seine Visitenkarte zu zerreißen. Als ich in einem schottischen Hotel in der Badewanne saß und Wasser nachlaufen ließ, konnte ich den Hahn nicht mehr abstellen, so dass das Wasser überlief.

Offenbar beschränken sich meine Unheil bringenden Fähigkeiten aber nicht auf Kleingeräte. Als ich einmal nach Düsseldorf wollte, hatte das Flugzeug zwei Stunden Verspätung – »wegen rätselhafter technischer Probleme«. Dabei hatte ich die Maschine nicht mal angefasst. Der Zug, mit dem ich weiterreisen wollte, wurde in letzter Minute gestrichen – »wegen unerwarteter technischer Probleme«. Auf dem Rückweg geschah das gleiche: Erst musste ein ganzer Eisenbahnwaggon gesperrt werden, weil ihn jemand um acht Uhr morgens vollgekotzt hatte, wofür ich nun wirklich nichts konnte. Dann hatte die Bahn 20 Minuten Verspätung, natürlich wegen technischer Probleme, wodurch ich den Anschlusszug verpasste und ein Taxi nehmen musste, um nicht auch noch den Flug zu verpassen.

Ich muss nicht mal selbst Hand anlegen, es reicht, wenn Handwerker ins Haus kommen. Ein Angestellter vom Kabelfernsehen, der aufgrund meiner Beschwerde über den schlechten Empfang angerückt war, richtete Schäden in Höhe von

5.000 Euro an. Ein anderer deckte das halbe Dach ab, als er Laub aus der Regenrinne fegen wollte. Und der Tischler, der mir einen Küchenschrank bauen wollte, landete im Krankenhaus, weil seine Konstruktion einstürzte.

Auch ohne meine Beteiligung geht vieles in Irland schief: Eisenbahnen, die ihre Passagiere vergessen; Behörden, die Baugenehmigungen mit abenteuerlichen Begründungen ein ums andere Mal ablehnen; Linienbusse, die sich verfahren; Politiker, die sich so ungeschickt bestechen lassen, dass es auffliegt – die Liste ließe sich mühelos verlängern. Habe ich Irland infiziert, oder ist es umgekehrt?

Ich werde Aribert künftig bitten, seine heilenden Hände kurz auf meine Flug- und Bahntickets sowie auf meine elektrischen Geräte zu legen, um mein schlechtes Karma zu neutralisieren. Ringel meinte, ich solle mich von der Stiftung Warentest anstellen lassen: Falls ein Gerät meine Handhabung übersteht, bekomme es das Gütesiegel »S-geprüft«. Tom sagte hingegen, es wäre lukrativer, den Media-Markt zu erpressen: »Du drohst einfach damit, alle Geräte im Laden anzufassen, falls sie dir nicht umgehend Geld geben.«

Er empfahl mir den Film »Schrecken der Medusa«, eine Mischung aus Thriller, Horror- und Katastrophenfilm. Darin spielt Richard Burton einen Mann, der Katastrophen auslösen kann. So lässt er zum Beispiel eine Kathedrale einkrachen, einen Jumbo-Jet abstürzen und eine Mondlandung missglücken. »Im Grunde ist das ein Film über dich«, sagte Tom. Ich habe mir den Streifen bestellt. Vermutlich wird der DVD-Spieler explodieren.

Handwerker sind Vampire

Es war die Mutter aller Schiffskatastrophen. Und sie hatte ihren Anfang in Irland genommen. Die Titanic war der Stolz von Belfast. 1912 ist sie in die Geschichte geschwommen. Zunächst schwamm sie freilich in einen Eisberg. Vier Stunden später war von dem Schiff nichts mehr zu sehen. Nur 703 Menschen wurden gerettet, 1.503 starben. Mit Hilfe von Ultraschall hat man herausgefunden, dass es keineswegs ein großes Loch war, das dem in Belfast gebauten Kahn zum Verhängnis wurde, sondern lediglich sechs handbreite Risse.

Wie dem auch sei – das Boot ist längst zur Legende geworden, es gibt zahllose Bücher und Filme, von denen allerdings manche nicht den erhofften Profit einbrachten. »Hebt die Titanic« zum Beispiel war nicht nur grottenschlecht, sondern auch überaus teuer. Lew Grade, der Produzent, sagte damals, es wäre billiger gewesen, statt dessen den Ozean abzusenken. Auch das Broadway-Musical »Titanic« war nicht sonderlich erfolgreich. Die Generalprobe musste drei Mal wegen »technischer Schwierigkeiten« abgesagt werden: Das Schiffsmodell war im Gegensatz zu seinem Vorbild tatsächlich unsinkbar. Produzent Michael Braun erlebte das nicht mehr. Er war nach der ersten Probe an einem Herzinfarkt gestorben. Das gleiche Schicksal droht den Käufern einer CD mit Titanic-Liedern. Einer der Songs heißt: »Eis, Eis! O nein, o nein!« Oh nein.

Rund um den Globus sind Hunderte Titanic-Clubs gegründet worden. Die Ulster Titanic Society hält sich für die einzig authentische, weil sie in Belfast residiert. Schließlich, so sagen die Mitglieder, sei die Titanic hier länger als an irgendeinem anderen Ort gewesen. Abgesehen vom Meeresboden. War es aber damals gar kein Unglück, sondern ein Versicherungsbetrug? Vieles spricht dafür. Der Besitzer der Titanic, John Pierpoint Morgan, und seine Freunde sagten ihre Teilnahme an der Jungfernfahrt in letzter Sekunde ab. Viele von der Besatzung blieben ebenfalls an Land, weil sie angeblich Angst vor dem Schiff hatten. Und der Kapitän Edward Smith war ein Bruchpilot ersten Ranges: Er hatte bereits so viele Schiffe versenkt, dass man ihm eigentlich nicht mal ein Gummiboot anvertrauen durfte, geschweige denn das größte Schiff der Welt. Er soll denn auch trotz der Warnungen mit Volldampf in den Eisberg gerast sein.

Vermutlich lag es aber gar nicht an dem Kapitän, sondern an den irischen Handwerkern, die das Schiff gebaut hatten. Die kriegen alles klein, das weiß ich aus eigener Erfahrung. Bei mir fing das Unglück damit an, dass ich mich bei der Kabelgesellschaft Cablelink über das erbärmliche Bild beschwerte. Noch am selben Abend stand ein schlechtgelaunter junger Mann vor der Tür und wollte ein neues Kabel ziehen. »Der Anschlusskasten unter dem Dach muss weg«, behauptete er. »Die Büsche davor stören den Empfang.« Er hatte nicht damit gerechnet, dass ich über rudimentäre physikalische Kentnisse verfüge und seine Behauptung sofort als Lüge entlarven konnte. »Ich diskutiere nicht«, schnitt er mir jedoch das Wort ab. »Der Kasten kommt weg.«

Cablelink-Angestellte müssen wie rohe Eier behandelt werden: Ohne Kabel kann man nämlich weder die britischen Sender noch den Nachrichtenkanal empfangen. Der giftige Mechaniker genoss ganz offensichtlich seine Macht und schickte mich in die Küche zum Tee kochen, während er den Bohrer unten an der Hauswand ansetzte. Im nächsten Augenblick war es dunkel. Die Stille wurde nur durch leises Wasserplätschern unterbrochen. Der Tölpel hatte nicht nur das Stromkabel, sondern auch das Heizungsrohr unter dem Fußboden durchbohrt. Freilich wälzte er die Schuld sofort auf mich ab: »Da dürften gar keine Rohre verlaufen.« Das leuchtete mir ein. Ich hätte sie vorher beiseite räumen müssen. Wer konnte aber ahnen, dass der zerstörungswütige Mensch sich um 10 Zentimeter verschätzen und mit seinem Bohrer tief im Fußboden statt auf der anderen Seite der Wand landen würde?

Schließlich hatte er Erbarmen und holte Hilfe: Sieben Kollegen, die mir den Rat gaben, den Haupthahn zu schließen. Auf diese geniale Idee war ich bereits ohne ihr Zutun gekommen. »Mehr können wir heute auch nicht machen«, sagten die sieben einstimmig. Bei einer Tasse Tee, zubereitet auf dem Campingkocher, berieten sie über das weitere Vorgehen. Das Wasser hatte sich inzwischen unter den Teppichen im Wohnzimmer und Flur verteilt und arbeitete sich langsam bis ins Hinterzimmer vor. Bei jedem Schritt quietschte es leise. Am nächsten Morgen standen die »Magnificent Seven« wieder vor der Tür. Das Stromkabel war kein Problem, aber das Heizungsrohr war weitaus schwieriger. »Ich habe überhaupt nichts gegen Engländer«, sagte der teetrinkende Anführer. »Aber diese Heizung ist von einem Engländer eingebaut worden.« Das Reparatur-Hindernis bestand darin, dass in England metrische Rohre benutzt werden, während irische Rohre in Zoll gemessen werden. Ein Ersatzrohr gab es nur in Belfast.

Man wartete. Ich wusste längst, wer Tee und wer Kaffee bevorzugte, wer die Heißgetränke schwarz oder mit Milch zu sich nahm, und wieviel Zucker in die entsprechenden Tassen gehörte. Am Abend war es dann soweit, doch die Freude hielt sich in Grenzen: Das gesamte Heizungssystem war voller Luft. Es dauerte geschlagene drei Tage, bis es der Siebenerbande gelang, die Blähungen zu beseitigen. Der Besitzer des kleinen Ladens fragte mich, ob ich eine Pension eröffnet hätte, als ich am dritten Tag in Folge ein Päckchen Tee und ein Pfund Kaffee kaufte.

Der Fernsehempfang war danach schlechter als zuvor. »Das liegt an der Signalstäke«, erklärte der Cablelink-Täter. »Wir müssen das am Sender regeln.« Also war die ganze Verwüstung unnötig? »So kann man das nicht sehen«, sagte er. »An das neue Kabel kannst du sechs Fernseher anschließen.« Will ich aber nicht. »Dann sei getröstet: Der Empfang ist jetzt im gesamten Viertel schlecht.« Das ist die irische Lösung: Gleiches Recht für alle. Dabei hatte ich noch großes Glück gehabt, dass ich nicht in Limerick wohne. Die westirische Stadt ist für die nach ihr benannte Gedichtform bekannt. Außerdem hat Frank McCourt der Stadt mit seinem Buch »Die Asche meiner Mutter« ein Denkmal gesetzt, wenn auch ein wenig schmeichelhaftes, denn er hat Limerick als klerikalistisches Kaff dargestellt, in dem es ständig regnet. Im Rest des Landes ist Limerick hingegen als »Stab City« verschrien – als »Stadt der Messerstecher«. Die wahren Kriminellen sitzen dort aber offenbar in den Behörden.

John und Shirley O'Reilly kamen eines Tages aus dem Urlaub zurück und freuten sich auf einen entspannten Abend in ihrem neuen Haus in Limerick. Zu ihrer Überraschung fanden sie lediglich eine Wiese vor. Das Haus war weg, mitsamt Möbeln und persönlichen Gegenständen. Der Polizist, dem sie den Diebstahl ihres Eigenheims meldeten, tippte auf eine größere Verbrecherbande, denn so ein Haus sei ja nicht so leicht wegzuschaffen. Nachforschungen ergaben jedoch, dass die Stadtverwaltung das Haus abreißen ließ, weil die O'Reillys angeblich gegen die Bauauflagen verstoßen hatten. Man habe sie mehrmals gewarnt und den Abriss schriftlich angekündigt. Der Beamte wunderte sich allerdings, dass sie sich jetzt O'Reilly nannten. Die Briefe seien an Familie Murphy geschickt worden. Die Abrissfirma hatte sich in der Adresse geirrt und das falsche Haus dem Erdboden gleichgemacht. Haha, kleiner Zahlendreher, meinte der Beamte, kann ja mal passieren. Das fand John O'Reilly nicht. Er ist Jurist. Die Stadtverwaltung musste ihr Sparschwein schlachten.

Daran ist sie freilich gewöhnt. Fast auf den Tag genau drei Jahre zuvor hatte die Straßenbaubehörde in Limerick vier kleine Landhäuser abreißen lassen, weil eine Autobahn gebaut werden sollte. Die Eigentümer waren zwangsenteignet worden – jedenfalls drei von ihnen. Die vierte, Mary O'Shaughnessy, war ebenso verblüfft wie die O'Reillys, als sie nach Hause kam und eine Geröllhalde vorfand. Sie hatte kurz zuvor mit der Renovierung des hundert Jahre alten Cottages begonnen, denn es stand der Autobahn ja nicht im Weg. Bei der Abrissfirma war man offenbar nicht in der Lage, bis drei zu zählen – ein typisches Problem: Die meisten irischen Handwerker stehen mit der Mathematik auf Kriegsfuß. Das hat oft fatale Folgen.

Áine, die Gattin, wünschte sich Morgensonne im Schlafzimmer. Leider spielte das blöde Himmelsgestirn dabei nicht mit. Es geht an der falschen Stelle auf: Die Sonnenstrahlen erreichen erst mittags das Zimmer, was für mich als Eule, wie Spätaufsteher im Fachjargon genannt werden, völlig ausreichend wäre. Áine hingegen ist eine Lerche, also eine Frühaufsteherin.

Das Ansinnen, mein Arbeitszimmer mit dem Schlafzimmer zu tauschen, wies ich aufgrund der Horrorvorstellung, mit Tausenden von Büchern umziehen zu müssen, kategorisch zurück. Stattdessen schlug ich törichterweise vor, ein Fenster in die Giebelwand einbauen zu lassen.

Ich gab meine Bestellung bei Kevin auf, dem örtlichen Vertreter einer großen Fensterfirma in Cork. Das Fenster solle 150 Zentimeter breit und 75 Zentimeter hoch werden, sagte ich. Er werde vorbeikommen, um nachzumessen, meinte er.

Das sei völlig sinnlos, entgegnete ich, schließlich gebe es noch gar kein Loch in der Wand, da die Lieferzeit für das Fenster ja zwei Wochen betrage und man Einbrechern, fremden Katzen und dem Regen nicht unnötig Zeit geben sollte, ins Haus einzudringen.

Nach dreizehn Tagen rückten wir der Wand mit schwerem Gerät zuleibe. Am Abend war ein exaktes Loch gestemmt, während sich der Zementstaub im ganzen Haus und in den Schränken verteilt hatte. Mir begann zu dämmern, dass der Bücherumzug das kleinere Übel gewesen wäre. Am Abend rief ich Kevin an und fragte, wann das Fenster am nächsten Tag geliefert würde. Er erzählte mir daraufhin von seinem schwarzen Auftragsbuch und seinem Faxgerät, zwischen denen es offenbar ein Missverständnis gegeben hatte. Ich verstand kein Wort, ahnte aber, dass meine Bestellung es nicht bis zur Fensterfirma nach Cork geschafft hatte. Kevin wollte das nun umgehend mit Dringlichkeitsvermerk nachholen. Zehn Tage würde es dennoch dauern. Die verbrachte ich damit, ein Misteldrosselpärchen am Nestbau in dem für das Fenster vorgesehenen Loch zu hindern.

Neun Tage später rief ich wieder bei Kevin an. Der Monteur käme am nächsten Vormittag, versprach er. Abends um sieben tauchte er endlich mit dem Fenster unter dem Arm auf. Ich sah von weitem, dass schon wieder etwas schiefgegangen war. Das Fenster war 35 Zentimeter zu schmal. Der Monteur behauptete, genau so sei es bestellt gewesen, und verwies auf seinen Auftragszettel. Dort stand »1150 Millimeter«. Ich rief abermals bei Kevin an und berichtete ihm von dem Malheur. »Diese Idioten«, schimpfte er, »ich habe ihnen doch die exakten Maße durchgegeben. Natürlich musste ich sie vorher umrechnen, denn wir arbeiten mit Millimetern. Also habe ich eine Eins davor gesetzt.« Er meine wohl, er habe eine Null ans Ende gehängt, korrigierte ich. »Wieso eine Null?« fragte er. Irland ist seit vielen Jahren dezimalisiert, Kevin leider nicht. Die Morgensonne kommt nun etwas später als geplant ins Schlafzimmer. Damit ist niemandem gedient: Für eine Eule ist das immer noch zu früh, für eine Lerche ist es zu spät.

In dem völlig unbegründeten Vertrauen darauf, dass nicht jeder Besuch eines Handwerkers mit einer Katastrophe enden kann, beschloss ich, mir von einem Hobbytischler einen billigen Küchenschrank bauen zu lassen. Das Geld dafür war noch von der Entschädigung übrig, die Cablelink für die Überschwemmung nebst wochenlangem Heizungsausfall bezahlt hatte, die der Fernsehmonteur angerichtet hatte. Der Nachteil bei Schwarzarbeitern ist, dass sie nur an Wochenenden Zeit haben, so dass sich der Bau des Schränkchens sechs Wochen hinzog und das Sägemehl, das sich über sämtliche Lebensmittel verteilt hatte, fester Bestandteil des Speiseplans geworden war.

Dann sollte das Bauwerk doch noch fertig werden. Ich ahnte nichts Böses, als der Tischler mangels Babysitter sein Kleinkind mitbrachte. Kinder haben ein sicheres Gespür dafür, wie sie mit geringstem Aufwand die größtmögliche Wirkung erzielen. Die Kleine beförderte mit einem Fußtritt den Besen zur Seite, der die gesamte Schrankkonstruktion vorübergehend halten sollte. Und so brach alles zusammen und begrub den tischlernden Vater unter sich. In den Trümmern der Küche fand ich die Telefonnummer des fahrbaren Mittagstischs.

Manche Menschen werden aus Schaden klug. Ich gehöre leider nicht dazu. Eigentlich hatte ich nach all den Verwüstungen das Haus zur »No Go Area« für Handwerker erklärt. Ein paar Knoblauchzehen und eine Gießkanne voller Weihwasser sollten sie abwehren, denn Dublins Handwerker saugen ihre Opfer bis aufs Blut aus und richten ihr Werk der Vernichtung mit Vorliebe nach Einbruch der Dunkelheit an. Ich bin fest davon überzeugt, dass der Dubliner Schriftsteller Bram Stoker durch die Vorfahren meiner Handwerker zu seinem Dracula-Roman inspiriert worden ist.

Doch dann ließ meine Wachsamkeit einen Moment nach, weil ich meinen Nachbarn erspähte, der auf der Motorhaube seines Autos stand und durch ein Fernglas sein Dach beobachtete. Oben kletterten zwei Männer herum und machten besorgte Gesichter. »Wir machen die Regenrinnen sauber«, erklärte einer von ihnen. »Das solltest du auch machen lassen, verstopfte Regenrinnen können böse Folgen haben.« Er kam die Leiter herunter und zeigte mir das Foto einer Ruinenlandschaft. »Daran sollen verstopfte Regenrinnen schuld sein?« fragte ich ungläubig, und er nickte bedeutsam. Inzwischen weiß ich, warum mir das Foto bekannt vorkam: Es war eine Aufnahme von Coventry nach dem Luftangriff der Nazis.

Jedenfalls willigte ich in die Reinigung der Dachrinnen ein, weil mir schon schwindlig wird, wenn ich auf einen Hocker steigen muss, um eine Glühbirne auszuwechseln. Damit sie an die hintere Dachrinne gelangen konnten, mussten die beiden Männer ihre Leiter durch das Haus zum Hintereingang tragen und dabei drei Ecken bewältigen. Das ging erwartungsgemäß schief: An der ersten fegten sie einen Blumentopf vom Regal, bei der zweiten zogen sie eine Furche in die Wand, und an der dritten Ecke musste ein Bilderrahmen dran glauben.

»Glücklicherweise haben sie beim Säubern der Regenrinnen bemerkt, dass zahlreiche Dachziegel lose waren«, erklärte mein Nachbar mir. »Sie haben die Ziegel festzementiert.« Offenbar ist das Problem weiter verbreitet, als man annimmt – die beiden Handwerker diagnostizierten auch bei mir lose Ziegel. Zum Beweis schwenkten sie ein paar davon durch die Luft und malten in düsteren Farben ein Bild der Zerstörung, das der Regen anrichten würde, falls ich den Schaden nicht umgehend reparieren ließe.

Das klingelnde Telefon hielt mich davon ab, einen weiteren Fehler zu begehen. Der irische Kollege am anderen Ende, dem ich von der verblüffenden Zerstörungskraft ungewarteter Regenrinnen erzählte, sagte, es sei doch ein Segen, wenn man seriöse Handwerker kennen würde. »Die unseriösen«, so fügte er unter Hinweis auf eine Fernsehdokumentation hinzu, »reißen dabei nämlich gleich noch ein paar Dachziegel heraus und erzählen ihren naiven Opfern, man müsse die Ziegel sofort einzementieren, um das Unheil abzuwenden.«

Vor Baumchirurgen warnte er mich leider nicht. Die Trauerweide vor dem Haus sei in erbarmungswürdigem Zustand, sagte der fremde junge Mann mitfühlend – viel zu dichte Äste, sie könne ja gar nicht atmen. Dann malte auch er ein Bild des Schreckens. Das gehört offensichtlich zur Grundausbildung für Handwerker. Über kurz oder lang werde der Baum umfallen und das Dach abdecken, sagte er. Oder, wenn er in die andere Richtung stürze, werde er eine Gruppe Schulkinder unter sich begraben. Möglicherweise knicke er auch zur Seite und verwandele den nagelneuen Kleinwagen der Nachbarn in einen Schrotthaufen. Egal, welches der drei Katastrophenszenarien eintrete, die Kosten würden mich jedenfalls unweigerlich in den Ruin treiben, ganz zu schweigen von der Gefängnisstrafe für kriminelle Vernachlässigung eines Baumes. Wer hätte gedacht, dass das harmlos scheinende Gewächs im Vorgarten in Wahrheit eine heimtückische Zeitbombe ist?

Dankbar nahm ich das Angebot der Baumrettung an, zumal der nette Herr nur 50 Euro Aufwandsentschädigung für seine Bemühungen haben wollte. Zufällig hatte er seine Kettensäge dabei. Er borgte sich meine Leiter und begann, im Baumwipfel herumzufuhrwerken. Ast um Ast fiel zu Boden, der Kettensägenbotaniker schien in einen Harzrausch zu geraten. Nach zwanzig Minuten war er fertig. Ich hatte natürlich angenommen, er würde die amputierten Äste mitnehmen, aber er dachte gar nicht daran. Für die Entsorgung musste ich einen Müllcontainer mieten. Kosten: hundert Euro am Tag.

Die beiden Fahrer, die das Stahlungetüm anlieferten, lachten sich schlapp beim Anblick des Baums, der wie ein begossener Pudel aussah. Hieß der Experte vielleicht Aengus, fragten sie. Nun ja, sein Akzent deutete auf diesen urschottischen Namen hin. Er sei bekannt, klärten mich die beiden Containerfahrer auf: Er habe bereits ganze Dubliner Straßenzüge in baumfreie Zonen verwandelt. Ich habe den Knoblauch und das Weihwasser inzwischen durch eine Selbstschussanlage und zwei Fangeisen ersetzt.

Seit die Handwerker Hausverbot hatten, lebten wir ruhig und zufrieden, ohne zu ahnen, dass die Saboteure im Blaumann einen Gegenschlag ausheckten, bei dem sie nicht mal das Haus betreten mussten. Es war an einem Freitag abend. Im Fernsehen kündigte der »Masked Magician« an, dass er den Zaubertrick mit der schwebenden Jungfrau enthüllen werde. Die Dame lag quer in der Luft, als es einen Knall gab, gefolgt von Stille und Dunkelheit. Waren das die Kollegen des Zauberers, die den Trickverrat verhindern wollten? Weit gefehlt, es waren die Klotzköpfe von der Stromgesellschaft, die das Hauptkabel bei Wartungsarbeiten sauber durchtrennt hatten, und weil ihnen das nicht genügte, musste das Fernsehkabel gleich mit dran glauben. Das ganze Viertel lag in Finsternis.

Inzwischen hatte auch die Einbruchsalarmanlage – wir wohnen in einer miesen Gegend – gemerkt, dass der Saft weg war. Dank eingebauter Batterie schnarrte sie nun alle zwei Minuten mit Roboterstimme: »Störung! Stromausfall um 20 Uhr vier.« Als ob das nicht nervtötend genug wäre, schickte die Sirene hoch oben an der Wand jedesmal zwei schrille Pfeiftöne hinterher. Ich montierte das quiekende Gerät ab und warf es in den Nachbarsgarten.

Dreieinhalb Stunden lang informierte uns der Alarmroboter im Zweiminutentakt, dass der

Strom ausgefallen war, dann fügte er plötzlich hinzu: »Jetzt okay.« Das Licht ging wieder an, der Fernseher erst zwei Stunden später, aber da war der Zauberer längst im Bett, vermutlich mit der schwebenden Jungfrau, und wie der Trick funktioniert, werde ich nie erfahren.

Schlimmer war, dass beim Einschalten des Stroms in der Telefonzentrale die Sicherungen explodierten und zwei Dutzend Leitungen lahmgelegt wurden, darunter natürlich auch unsere. Der Notdienst, den ich per Handy anrief, erklärte, dass man im Notfall zwar Anrufe entgegennehme, aber an die Reparatur sei erst am Montag zu denken. Bis dahin würde er alle Anrufe aufs Handy umleiten. Montag rief er im Morgengrauen an. Ob ich es selbst sei, wollte der vermeintliche Kommunikationswiederhersteller wissen, und als ich bejahte, freute er sich: »Dann ist ja alles in Ordnung.« Gar nicht wahr, entgegnete ich, er selbst habe doch die Anrufe aufs Handy umgeleitet. Jetzt fiel es ihm wieder ein. Nach vier Hausbesuchen und einem Kabelsalat drehte der Alarmroboter vollends durch und rief hysterisch nach seinen Sensoren, die an diversen Fenstern angebracht sind.

Das Kabel zum Haus sei tadellos, sagte der Störungsdienstler, alles andere sei mein Problem. Das Telefon funktionierte dann wochenlang nur in eine Richtung einwandfrei. Ich wurde heiser, weil ich immer ins Telefon brüllen musste, und halb taub, weil meine Gesprächspartner irrtümlich annahmen, sie müssten auch brüllen.

Als meine Leitung angeblich repariert war, hatte ich ein Meeresrauschen im Hörer, das der Kommunikation nicht gerade förderlich war.

Schlimmer noch war, dass sich das Telefon bei dieser Episode offenbar in die Alarmanlage verliebt hatte. Wenn der eingebaute Anrufbeantworter sich einschaltete, fiel ihm die Alarmanlage beim ersten Satz ins Wort und rief mit Roboterstimme: »Bitte gib das Passwort ein.« Dann redete wieder der Anrufbeantworter. So unterhielten sie sich eine Weile und vernachlässigten dabei ihre eigentlichen Pflichten.

Der kugelrunde Telecom-Mechaniker rückte zuversichtlich mit einer Art Schuhkarton an, den er über der Scheuerleiste an die Wand schraubte. »Israelische Ware«, meinte er, »was Besseres ist nicht auf dem Markt. Deine Gesprächspartner werden denken, sie sitzen bei dir auf dem Schoß.« Dann sang er einen grauenhaften Schlager – bis er die Leitung testete. »Das ist vollkommen unmöglich«, stöhnte er. »Alle Testgeräte geben grünes Licht, die Leitung ist also theoretisch perfekt.« Praktisch aber nicht. »Hat jemand das Haus mit einem Fluch belegt?« fragte er argwöhnisch.

Er montierte den Schuhkarton wieder ab und erklärte, er werde nach der Mittagspause zurückkommen. Bis dahin sei die Leitung leider tot. Das war sie auch, aber das Telefon gab hin und wieder einen Piepser von sich. Plötzlich klingelte es ganz normal. Als ich mich meldete, fragte eine barsche Männerstimme: »Wer bist du?« Ich verriet es ihm, und er herrschte mich an: »Was machst du in meinem Haus? Und wo ist meine Frau?« Mein Einwand, dass er sich wohl verwählt habe, bügelte er ab: »Unsinn. Ich habe meine Nummer gewählt, sie steht ja hier auf meinem Telefonbildschirm.«

Ich legte entnervt auf, die Leitung war wieder tot, bis der Mensch erneut anrief. Diesmal war er richtig wütend: »Hole sofort meine Frau ans Telefon.« Ich sagte, sie sei vorhin mit dem Milchmann durchgebrannt, und ich sei der Makler, der das Haus verkaufen soll. Wahrscheinlich ist an diesem Tag irgend jemand in Dublin mit Affenzahn vom Büro nach Hause gerast.

Ich warnte derweil meine Mitbewohner, dass »die singende Eircom-Knalltüte mit der Kellertürstimme gleich wieder hier sein« müsse. »Ich bin schon hier«, antwortete er, »und dass ich nicht singen kann, weiß ich selber.« Ich hatte die Tür offen gelassen. Er hatte einen neuen israelischen Schuhkarton mitgebracht, schraubte ihn an die Wand – und rollte verzweifelt auf dem Fußboden herum. »Brummt wohl immer noch«, meinte ich mitfühlend. »Jetzt hört es sich an, als ob man in einen Haartrockner spricht«, kicherte er irre. »Dieses Telefon ist ein Fön.«

Nachdem sie ihn abgeholt hatten, gelang es seinem Kollegen, die Nebengeräusche zu beseitigen. Es war der einzige kompetente Handwerker, der jemals das Haus betreten hatte.

Saufen und beten

Bei den meisten Unglücken ist Alkohol mit im Spiel. Das gilt zwar auch für andere Länder, aber für Irland ganz besonders. Nehmen wir zum Beispiel Joseph McElwee aus der Grafschaft Donegal. Als er vor seiner Stammkneipe eine Zigarette rauchte, weil das Rauchverbot in öffentlichen Räumen selbst in den entlegensten Winkeln der Grünen Insel eingehalten wird, kam der Polizist Nicholas Freyne vorbei.

McElwee kannte ihn, er wusste, dass er aus der Nachbargrafschaft Mayo stammte, und begann sogleich, ihn als »Mayo-Wichser« zu beschimpfen. Dann legte er ihm nahe, sich gefälligst »zurück nach Mayo zu den anderen Wichsern« zu verpissen. Der Wutausbruch dauerte geschlagene zehn Minuten. Freyne hörte sich alles in Ruhe an. Danach nahm er McElwees Personalien auf und zeigte ihn wegen Beleidigung, Androhung von Gewalt, Volltrunkenheit, schlechtem Benehmen und Missachtung der Anweisungen eines Polizisten an.

Vor Gericht erklärte McElwees Verteidiger, sein Mandant sei ein arbeitsloser Schreiner. Ein Handwerker, herrje! Er sei verheiratet, habe zwei

Kinder und sei ein unbescholtener Bürger. Ja, er habe in seinem Leben bisher recht wenig geflucht. Irgendetwas müsse in den Getränken gewesen sein, argumentierte der Anwalt. Dafür habe der Richter sicher Verständnis.

Hatte er nicht. Mit Entsetzen vernahm McElwee, dass Richter Seamus Hughes mit breitem Mayo-Dialekt sprach. Die Voraussetzungen für einen Freispruch waren äußerst schlecht, das war McElwee klar. Ob er schon mal in Mayo gewesen sei, wollte der Richter wissen. Nein? Nun, dann solle er die Grafschaft kennen lernen. Hughes verurteilte den Angeklagten, binnen eines Monats auf den Croagh Patrick in Mayo zu klettern, vier Stationen des Kreuzwegs zu absolvieren und ein paar Gebete zu sprechen. Dann ändere McElwee vielleicht seine Meinung über die Leute aus Mayo.

Der Croagh Patrick ist der heilige Berg der Iren, Zehntausende von Sündern erklimmen ihn jedes Jahr zur Buße. Zwar ist er nur 753 Meter hoch, aber der Aufstieg ist mühsam. Die letzten 500 Meter sind eine Tortur. Der Weg führt über ein steiles Geröllfeld zum Gipfel. Irlands Schutzpatron Patrick, nach dem der Berg benannt ist, soll im Jahr 441 auf dem Gipfel 40 Tage gefastet und Pläne für die Christianisierung der Insel geschmiedet haben.

McElwees Anwalt lachte über den vermeintlichen Scherz des Richters, doch der meinte es ernst. McElwee wurde dazu verdonnert, in einem Monat erneut vor Gericht zu erscheinen – und zwar mit Beweisen, dass er auf dem Berg war. Wie um Himmels willen solle er das denn beweisen, fragte der Anwalt. »Ich werde ein paar Fragen stellen, die er nur beantworten kann, wenn er oben war«, sagte Hughes. »Und ich rate ihm, die Antworten parat zu haben.«

Joseph McElwee murmelte, er würde lieber in den Knast als in eine Grafschaft voller Wichser gehen, sagte das aber lieber nicht laut. Sonst hätte ihn Hughes womöglich dazu verurteilt, wie Patrick 40 Tage auf dem Berg auszuharren. Ohne Alkohol.

Die zwölf Iren, die ein Flugzeug auf dem Weg nach Jamaica zur Notlandung in Virginia zwangen, hatten mehr Glück mit ihrem Richter. Sie gehörten ein und derselben Familie an, obwohl die Verwandtschaftsverhältnisse nicht ganz klar waren: Die »Travellers«, wie das irische fahrenden Volk heißt, geben ihre Kinder oft in frühem Alter einer befreundeten Familie in Pflege, damit sie selbständig werden. Dabei behalten die Kinder ihren Namen oder nehmen den ihrer Pflegefamilie an – oder sie erhalten einen neuen Nachnamen.

Der US-Richter, dem die Familie nach der Notlandung vorgeführt wurde, war mit der Sache überfordert und ließ sie laufen. Der Einfachheit halber behaupteten einige Zeitungen, dass es sich um sechs Schwestern handle, die mit sechs Brüdern verheiratet sind und alle zwölf Driscoll hießen. Man wunderte sich, woher die Familie das Geld für einen Karibikurlaub hatte.

Warum aus dem Urlaub letztendlich nichts wurde, darüber gibt es zwei Versionen. Die Großfamilie sagte, sie habe unterwegs ein paar fröhliche irische Volksweisen angestimmt, was einem Mitreisenden nicht gepasst habe. Er habe sie aufgefordert, den Schnabel zu halten und, um der

Forderung Nachdruck zu verleihen, ein Bier über die Sänger gekippt. Daraufhin habe man ihm höflich erklärt, dass man sein Verhalten unangemessen finde. Dass der Pilot dann in Virginia gelandet sei und sie hinausgeworfen habe, liege wohl an antiirischen Vorurteilen. »Wir sind die Opfer«, sagte eine der Schwestern.

In Kapitän John Austins Bericht las sich das anders. Die zwölf seien bereits voll wie Nattern – Austin umschreibt es etwas milder – gewesen und hätten noch mehr Alkohol verlangt. Als man ihnen nur ein Getränk pro Person gab, öffneten sie verbotenerweise ihre zollfreien Einkäufe – Bier, Rum und Likör. Als auch diese Vorräte verbraucht waren, liefen die durstigen Menschen im Flugzeug herum und verlangten von anderen Passagieren, ihnen Alkohol zu beschaffen. Das ging fünf Stunden lang, bis einer der Mitreisenden die Nerven verlor und ihnen das verlangte Bier ins Gesicht schüttete. Daraufhin brach hoch über den Wolken eine Keilerei wie im Wirtshaus aus. Acht Besatzungsmitglieder warfen sich auf die ungezogenen Passagiere, und für einen Moment sah es so aus, als ob die Driscolls die Kontrolle über das Flugzeug erlangen würden.

Ein völlig normales Verhalten, meint die Luftfahrtpsychologin Helen Muir. »Menschen sind nicht dafür gebaut, für längere Zeit auf engstem Raum eingepfercht zu sein.« Möglicherweise werde es bald eine Air-Rage-Katastrophe geben, glaubt Muir: »Eigentlich merkwürdig, dass es nicht schon längst passiert ist. Wenn man Mäuse derselben Situation wie Passagiere aussetzt, dann fressen sie sich gegenseitig auf.« Da hat Kapitän Austin ja noch mal Glück gehabt.

Leute wie die Driscolls sind schuld daran, dass die Iren in den USA als Volk von Trunkenbolden gelten. Das meint auch der Anwalt John Stemberger aus Florida. Vor einem Gericht vertrat er ein irisches Ehepaar, dessen Tochter bei einem Autounfall in den USA ums Leben gekommen war. Sean McGrath, der Freund der Tochter, der den Leihwagen gefahren hatte, war betrunken. Stemberger verklagte die Mietwagenfirma: Jedes Kind wisse, dass man Alkohol am Steuer in Irland nicht so eng sehe. So sei die Wahrscheinlichkeit sehr hoch gewesen, dass McGrath angetrunken fahren würde. Schließlich sei er Ire, und deshalb hätte man ihm nie einen Wagen leihen dürfen.

Als die Einzelheiten des Prozesses in Irland bekannt wurden, gab es einen Aufschrei: Die Nation bzw. die Medien waren empört. Der *Irish Independent* wetterte, Stemberger sei Rassist. Und die sonst recht gesetzte Moderatorin einer morgendlichen Radiosendung tobte, als sie Stemberger zum Interview am Telefon hatte. Sie warf ihm vor, auch nicht besser zu sein als die englischen Karikaturisten des 19. Jahrhunderts, bei denen die Iren wie Affen aussahen.

Stemberger gab klein bei und änderte die Klageschrift. Jetzt sollte nicht mehr die irische Trunksucht schuld am Unfall gewesen sein, sondern die Tatsache, dass die Iren auf der falschen Seite fahren und nicht an gute Straßen gewöhnt seien – auf der Grünen Insel seien die Fahrbahnen voller Pflastersteine. Er meinte wahrscheinlich Schlaglöcher, denn Kopfsteinpflaster und Eselskarren sind auch in Irland selten geworden.

Stembergers Rückzieher löste plötzlich Selbstkritik aus: Vielleicht hat der Mann ja recht? Irland hat in Europa den höchsten Verbrauch pro Kneipensitzung, nämlich 4,5 Einheiten Alkohol. Aber es gibt auch eine ansehnliche Temperenzlerbewegung, der immerhin 100.000 Iren angehören. Die »Pioneers«, wie sie sich nennen, müssen stets eine Anstecknadel tragen, damit man sie schon von Weitem erkennt und ihnen nicht versehentlich einen Whiskey anbietet. Allerdings sind die »Pioneers« inzwischen genau so pleite wie die gesamte Insel. Der Vorsitzende Pádraig Brady klagte: »Unser Verband steht unmittelbar vor der Schließung, wenn wir nicht sofort 100.000 Euro erhalten.« Man habe vergessen, mit der Zeit zu gehen, meinte Brady. »Unsere Bewegung beruht zuallererst auf dem Gebet.« Ist beten denn so teuer? Jedenfalls will Brady von den 100.000 Abstinenzlern jeweils zehn Euro kassieren, um die Schulden zu begleichen. Wer nicht trinkt, kann auch nicht rechnen, meint Brady offenbar. Wenn er es schafft, den Mitgliedern eine Million aus der Tasche zu ziehen, hat er sich ein Fläschchen Champagner verdient.

Die Medien wünschen den »Pioneers«, dass sie überleben. Eine Zeitung klagte: »Wie oft hört man Leute sagen, dass sie sich auf ihre Urlaubsreise freuen, und dann geben sie damit an, wieviel sie dort trinken werden. Wir vergleichen die Menge Alkohol, die wir zu uns nehmen, und bewundern gegenseitig unsere Megakater.«

Allerdings können die Iren noch von den britischen Nachbarn lernen. Einer von ihnen, ein junger Mann, kniete auf dem Gehweg vor der Kneipe in Dublins Temple-Bar-Bezirk und übergab sich ständig. Sein Kopf war mit Rasierschaum und

Konfetti bedeckt, seine Hände waren mit Handschellen aus gelbem Plastik gefesselt. Dennoch umklammerte er mit beiden Händen ein Glas Whiskey, dessen zahlreiche Vorgänger ihn offenbar in diesen erbärmlichen Zustand versetzt hatten. Um ihn herum standen sieben Freunde und erkundigten sich besorgt nach seinem Wohlbefinden: »Alles in Ordnung, Kumpel?« Aha, Engländer. Der Akzent ist auch in gelallter Form unverkennbar.

Es war eine jener »Stag Parties«, wie der Abschied vom Junggesellenleben anschaulich genannt wird. Der künftige Bräutigam und seine Freunde hatten dabei nur ein Ziel vor Augen: soviel Alkohol zu trinken, bis sie überliefen. Der junge Mann mit den Plastikhandschellen hatte sein Ziel bereits erreicht, die anderen sieben waren auch nicht mehr allzuweit davon entfernt.

Die Iren sind Invasionen von der Nachbarinsel gewöhnt. Keine davon war friedlicher Natur. Die »Hirschfeiern« sind es auch nicht. Seit sich herumgesprochen hat, dass die irische Hauptstadt trotz Rezession längst nicht mehr das verschlafene Nest früherer Zeiten ist, sondern über ein hektisches Nachtleben verfügt, fallen an den Wochenenden immer mehr Gruppen junger Engländer wie Heuschrecken über Dublin her. Je stärker die Sterling-Währung, desto mehr Heuschrecken. Dublin ist inzwischen eins der beliebtesten Kurzreiseziele in Europa.

Die meisten Pubs und Nachtklubs in der Innenstadt haben »Bouncer« eingestellt. Offiziell heißen sie »crowd control engineers«, Techniker für Massenkontrolle. Sie sind korrekt mit Anzug und Fliege gekleidet und unerbittlich, wenn sie eine

Stag Party herannahen sehen. So schleichen sich die jungen Männer einzeln in die Pubs, um die Türdrachen zu überlisten. In den Hotels sind sie ebenfalls nicht gern gesehen: Einmal wollte eine solche Gruppe nach der Sperrstunde im Hotelzimmer weiterfeiern. Weil die Zimmer dafür zu klein waren, rissen die Barbaren kurzerhand die – zugegebenermaßen nicht sehr stabilen – Trennwände ein und verwandelten die Einzelzimmer in einen großen Schlafsaal. Da ihnen beim Feiern das Mobiliar im Weg war, lagerten sie es im Hof aus, und zwar auf dem kürzesten Weg: durch das Fenster im zweiten Stock. Seitdem fragt man bei telefonischen Reservierungen aus England nach Alter und Ehestand, wenn mehr als zwei Zimmer gebucht werden.

»Hen Parties« sind dagegen willkommen. Zwar geht es bei dem weiblichen Pendant zur Stag Party ebenfalls ums Trinken bis zum Abwinken, aber wenigstens sind Hühnchen friedlicher als Hirsche. Und sie sind besser organisiert, manch Wochenendplan sieht aus wie eine militärische Operation. Sie beinhaltet am Nachmittag das unvermeidliche Abenteuerspiel, bei dem es unter anderem darum geht, einen Polizisten zu küssen. Englischer Humor ist mitunter unergründlich. Die meisten Teilnehmerinnen kehren jedenfalls zufrieden nach England zurück, ohne sich an irgendwelche Einzelheiten ihrer Reise zu erinnern. Dublin ist vermutlich nicht nur eine der meistbesuchten Städte Europas, sondern auch die unbekannteste Stadt.

Aber ich will hier nicht nur die Inselvölker an den Pranger stellen. Mitunter trinke ich auch mal einen kleinen Schluck zuviel, und das hat manchmal peinliche Folgen. Als ich die Fünf-Liter-Kartons mit billigem französischem Landwein sah, ahnte ich, wie der Abend verlaufen würde. Es wurde dann noch schlimmer. Colm und Mary hatten uns sowie Declan und Nora eingeladen, weil sich unsere Töchter seit kleinauf kennen. Jetzt waren die Girls 17 und versuchten mit allen Mitteln, das Treffen zu hintertreiben, denn Eltern haben ein hohes Peinlichkeitspotential.

Declan und ich streiten uns jedesmal, wenn wir uns treffen, denn er hält die klotzköpfigsten Politiker für fähige Staatsmänner. Darüber hinaus bestreitet er, dass es in Afrika jemals Kolonien gab. Merkwürdigerweise kommt das Gespräch stets automatisch auf diese Themen. Diesmal mussten wir den Töchtern versprechen, unter keinen Umständen über Politik zu reden, und anfangs ging alles gut. Doch niemand hatte den Rotweinfaktor bedacht. Mary, die Gastgeberin, ist Stewardess und hatte von ihren Auslandsflügen einen enormen Vorrat an Weinkartons mitgebracht.

Die Mädels beobachteten uns argwöhnisch, zumal vier Austauschschülerinnen aus Deutschland und Frankreich dabei waren. Dann kam der fatale Augenblick, in dem ich Declan vorschlug, spaßeshalber einen Streit zu inszenieren, um den Töchtern einen Schrecken einzujagen. Declan war sogleich Feuer und Flamme und sang ein Loblied auf einen seiner Lieblingspolitiker. Leider hatten wir vergessen, Colm einzuweihen. »Was«, schnappte er nach Luft, »das ist doch ein Faschist!« Das war zuviel für Declan. Mit hochrotweinigem Kopf sprang er auf und pries die größten Versager in der irischen Politik. Die Töchter, deren schlimmste Befürchtungen sich gerade bewahrheiteten, hätten sich am liebsten Papiertüten über die Köpfe gezogen.

Ich versuchte, die Diskussion in andere Bahnen zu lenken, wählte aber das falsche Mittel: Ich nahm Declan in den Schwitzkasten und schlug ihm mit der Faust mehrmals leicht auf den Kopf. Für die Mädchen war das aus dem Garten, in den sie die Austauschschülerinnen bugsiert hatten, nicht als Scherz erkennbar. Für Declan wahrscheinlich auch nicht, nur Colm lachte lauthals und reichte mir einen Schürhaken, um Declan den Rest zu geben. Ich verzog mich vorsichtshalber für eine Weile auf die Toilette.

Als ich zurückkam, war Declan eingeschlafen. Er hatte jedoch Schluckauf, und bei jedem Schlucken schoss eine Fontäne Rotwein aus seinem Mund und ergoss sich über seinen weißen Freizeitanzug. Baby Jane, seine fünfjährige Tochter, war davon überzeugt, ich hätte ihren Daddy bewusstlos geschlagen, und aus seinem Mund liefe Blut. Mary, die Gastgeberin, war ebenfalls eingeschlafen, würgte aber in ihrem Delirium so furchterregend, dass ihr jemand den Hundenapf auf den Schoß gestellt hatte. Colm schnarchte auf der Gartenbank, und irgendwann bin auch ich eingenickt. Die Austauschschülerinnen machten unterdessen eifrig Notizen für den nächsten Brief nach Hause. Áine, die keinen Rotwein mag, fuhr dann alle heim. Die Töchter sprachen eine Woche lang kein Wort mit ihren Vätern. Sie brachen das Schweigen nur, um zwischen den Elternpaaren eine Kontaktsperre zu verhängen. Seitdem müssen wir uns heimlich im Pub treffen. Aber auch das hat seine Tücken.

Der Pub gilt in Irland als sozialer Knotenpunkt. Manchmal kommt es jedoch ganz anders. Wir hatten uns ausgerechnet Cumiskey's am Dubliner Broadstone als Stammkneipe ausgesucht, als man in den Pubs noch rauchen durfte und mit Pfund bezahlen musste. Vater und Sohn Cumiskey, denen der Laden gehörte, hatten den festen Vorsatz, sich nicht nur gegenseitig das Leben zur Hölle zu machen, sondern auch ihren Gästen. Der alte Aidan ging dabei allerdings gewitzter vor als sein einfältiger Sohn Stephen.

Der erste Eindruck war bereits prägend: Die Kneipe war vom Fußboden bis zur Decke in Altrosa gehalten, was auch ohne Alkohol desorientierend wirkt. Das war Absicht. Der kleine, drahtige Aidan, mit schlohweißen Haaren und knielanger grauer Strickjacke, schlich unauffällig zwischen den Tischen herum und tat so, als ob er leere Gläser abräumte. Wer sich davon einlullen ließ, hatte schon verloren: Im Handumdrehen war das halbvolle Guinness futsch. Spätere Proteste waren zwecklos.

Ich versuchte gar nicht erst, mein fast neues Guinness zurückzuerbeuten, sondern begab mich an die Theke, um ein anderes zu bestellen. Stephen hatte jedoch keineswegs die Absicht, ein Getränk herauszurücken. Er ignorierte mich. Nach einer Weile verlor ich die Geduld und beschwerte mich lauthals, was Stephen die Laune verdarb. Das allerdings löste beim Vater verblüffende Fröhlichkeit aus, was Stephen noch mehr auf die Palme brachte. »Was grinst du so blöd, du alter Zausel«, schrie er seinen Vater an, der inzwischen schallend, aber gehässig lachte. An mein Guinness war nicht mehr zu denken.

Nun griff mein Freund Phil ein, der in einem masochistischen Anfall ebenfalls Cumiskey's als Stammkneipe auserkoren hat. Er brüllte Aidan an, er solle gefälligst seinen Arsch in Richtung Zapfhahn bewegen – schließlich habe er es mit Stammgästen zu tun. »Stammgäste werden bei uns nicht bedient«, meinte Aidan voller Häme und fügte hinzu: »Und jetzt verpiss dich.«

Phil ging schnurstracks zur Sitzbank in der Ecke und zog unter dem Polster das »Buch der Aidanismen« hervor – ein Oktavheft, in dem die Stammgäste sämtliche Gemeinheiten notieren, die Aidan ihnen angetan hat. Der Schrecken der Gäste ahnt nichts von der Existenz des Heftes, in das Phil nun ein neues Kapitel eintrug.

Stephen schmiss inzwischen ein Pärchen hinaus, das sich zu innig geküsst hatte. »Ihr verderbt die Kinder«, schnaubte er, während die Frau völlig vergeblich einwand, dass Kinder bei Cumiskey's schon seit 15 Jahren Hausverbot haben. Als alles auf die jugendgefährdenden Küsser achtete, schaltete Aidan kurzerhand den Ventilator aus. Innerhalb einer Viertelstunde war die Kneipe so verqualmt, dass man die beiden Wirte nur noch schemenhaft erkannte. Die Stammgäste griffen instinktiv nach ihren Gläsern und hielten sie fest.

Einmal ging Aidan jedoch zu weit. Er zog mir das frisch gezapfte Glas Guinness weg. »Du wolltest mit Falschgeld bezahlen«, behauptete er, »die beiden Pfundmünzen sind ziemlich schlecht nachgemacht.« Zum Beweis ließ er eine auf den Tresen fallen: Sie hörte sich billig und blechern an, ganz im Gegensatz zu dem glockenreinen wertvollen Klang der echten Münze, die er zum Vergleich herangezogen hatte. »Außerdem ist die

Fälschung dünner, und der Rand hat eine andere Riffelung«, sagte er. »Man erkennt sie aber auch an der Jahresprägung: 1999 wurden gar keine Pfundmünzen hergestellt.«

Ich hatte die ganze Tasche voller 1999-Pfunde. Ein Getränk würde ich hier dafür nicht bekommen, soviel stand fest. Ich musste sie anderweitig loswerden. Zwei Münzen konnte ich dem Zeitungshändler unterjubeln, drei drehte ich dem Milchmann an, doch als ich beim Tankwart mit 16 einzelnen Münzen bezahlen wollte, wurde dieser misstrauisch. »Die sind alle falsch, die sind von 1999«, zeigte er sich wohlinformiert.

Ich gab auf. Am nächsten Tag warf ich das Falschgeld in den Klingelbeutel einer kirchlichen Einrichtung und malte mir im Geiste aus, wie die frommen Herren in der Bank der Falschmünzerei bezichtigt würden. Am Abend kam im Fernsehen die Meldung, dass die irische Staatsbank eine neue Serie Pfundmünzen herausgegeben hatte, die etwas dünner sowie anders geriffelt waren und weniger Edelmetall enthielten, als die bisherige Version. Ich Schwachkopf hatte der katholischen Kirche echtes Geldes gespendet.

Der Versuch, Aidan für das Debakel mitverantwortlich zu machen, scheiterte. »Ich kann in meiner Kneipe machen, was ich will«, erklärte er. »Wenn ich montags keine Zehn-Pence-Münzen nehme und dienstags nicht an Brillenträger ausschenke, ist das meine Sache. Und heute bediene ich keine Nichtraucher.«

Wir suchten uns lieber eine neue Stammkneipe, kamen aber vom Regen in die Traufe. Eamonn, der Wirt des Pubs im Nord-Dubliner Arbeiterviertel Cabra, war gerade von einer Beerdigung in der Grafschaft Limerick im Westen Irlands zurückgekommen. »Der alte Wirt war gestorben«, erzählte er, »und zur Totenfeier gingen wir in seine winzige Kneipe. Und alle tranken Schnaps, selbst die Dorfjugend. Stellt euch den Umsatz vor.« Davon hatte der Wirt zwar nichts mehr, aber Eamonn bekam trotzdem leuchtende Augen. Seine Gäste trinken nämlich Bier. »Um denselben Profit zu machen«, sagte er, »müsste meine Kundschaft Bier trinken, bis sie klinisch tot wäre.« Nur wenn Hurling-Spiele im Fernsehen übertragen werden, bestellen die Leute Schnaps. Hurling ist eine traditionelle irische Sportart, bei der die Spieler mit einem Holzschläger, den sie wie eine Keule über dem Kopf schwingen, auf einen kleinen Lederball eindreschen. »Es ist das schnellste Mannschaftsspiel der Welt«, sagt Eamonn. »Weil die Fans nichts verpassen wollen, trinken sie Schnaps, damit sie nicht so oft auf die Toilette müssen.« Anhänger des gälischen Fußballs, der anderen, langsameren Traditionssportart, ziehen dagegen Bier vor und riskieren den Gang aufs Klo.

Vielleicht liegt es aber auch an den Kellnern und Kellnerinnen, dass die Gäste lieber auf Nummer Sicher gehen und die Bestellung möglichst simpel halten. Die meisten Pubs beschäftigen Jugendliche, die für ein mageres Taschengeld den ganzen Abend Getränke an die Tische schleppen. In den meisten Läden geht alles gut, doch Eamonn hatte eine abenteuerliche Crew angeheuert.

Ich bestellte einen »Black Bush«, um ihm eine Freude zu machen. Das ist ein milder Whiskey aus Nordirland. Fünf Minuten später servierte mir Veronica ein Halbliterglas mit einer schwarz-braunen Flüssigkeit, auf der zwei extrem rote Kirschen und ein künstliches giftgrünes Blatt schwammen. Dafür wollte sie zehn Euro haben. Ich brachte vor Verblüffung weder einen Ton noch das Portemonnaie hervor. »Sie hatten doch einen Black Russian bestellt.« Hatte ich nicht, ich bin doch nicht verrückt: Ein Schwarzrusse besteht aus Wodka, Tia Maria, Cola, Guinness und dekorativem Obst. Ich dagegen wollte nur einen kleinen Whiskey ohne Brimborium. »Na, macht nichts«, meinte Veronica, setzte das Glas an und trank es aus. Die Kirschen und das Blatt spuckte sie ins Glas zurück und gab einen allmächtigen Rülpser von sich.

Die nächste Bestellung nahm Joey entgegen – jedenfalls sah es so aus. Plötzlich ließ er sich aber neben mich auf die Bank plumpsen und stöhnte ganz erbärmlich. Er habe Grippe, sagte er, und die heißen Whiskeys würden auch nicht helfen. Dafür war er nun betrunken. Er begann, unseren Tisch mit einem alten Lappen zu wienern, wobei er sich jeden Quadratzentimeter einzeln vornahm. Nach zehn Minuten hatten wir den saubersten Tisch im ganzen Wirtshaus, wenn nicht sogar in Dublin. Dann begann Joey von vorne.

Als Veronica an uns vorbeischwankte, warf er ihr den nassen Lappen ins Kreuz. Daraufhin entwickelte sich zwischen den beiden ein munteres Handballspiel über die Tische hinweg. Schließlich landete der Lappen in meinem Black Bush, den ich mir inzwischen selbst von der Theke geholt hatte. Nun war ich zu Eamonns Freude reif für einen Black Russian. Und eine Uhr werde ich mir auch kaufen müssen. Zwar war ich eigentlich sehr gut ohne ausgekommen, aber manchmal ist es nicht ratsam, jemanden nach der Uhrzeit zu fragen. Im Pub kurz vor der Sperrstunde zum Beispiel, und die ist sonntags um elf. Man darf den Zeitpunkt für die letzte Bestellung nicht verpassen, will man nicht auf dem Trockenen sitzen.

Diesmal hatte Declan sein elektronisches Notizbuch vergessen, das uns in der Vergangenheit schon so manches Mal vor einer Dürre bewahrt hatte. Man kann es nämlich so programmieren, dass es kurz vor Zapfenstreich panische Warntöne ausstößt, so dass man noch drei Minuten für den Weg zum Tresen hat. Doch ohne den Last-Order-Piepser waren wir auf die Kooperation wildfremder Trinker angewiesen.

Der erste antwortete auf die Frage nach der Uhrzeit: »Noch Zeit für mindestens zwei Bier.« Diese vage Angabe nützte uns nichts, da der rotnasige Uhrenbesitzer so aussah, als würde er zwei Pints – das sind jene 0,56-Litergläser, in denen das Bier in Irland daherkommt – in Null Komma nichts hinunterstürzen. Der Richtwert für uns gesittete Alkoholkonsumenten liegt freilich weit darunter. Der nächste Beuhrte, der an unserem Tisch vorbeilief, lallte ein banales Sprichwort, das etwa so klang: »Der Glückliche schlägt dem Fass keinen Boden aus.«

Und dann kam Endora vorbei, die so hieß, weil sie Samanthas Mutter in »Verliebt in eine Hexe«, dieser wunderbaren Fernsehserie aus den sechziger Jahren, ähnlich sah. Endora machte ein solch glückliches Gesicht, als ob sie den ganzen Tag darauf gewartet hatte, dass sie jemand nach der Uhrzeit fragt. Es stellte sich heraus, dass sie in

Wirklichkeit schon seit einer Woche darauf gewartet hatte, denn sie besaß eine neue Uhr, aber keine gewöhnliche. »Du kannst meine Uhr selbst fragen«, rief sie strahlend und hielt mir die Zwiebel dicht ans Ohr. Dann drückte sie einen Knopf, und die Uhr gab ein schnarrendes Geräusch von sich, als ob sie gerade einen Kolbenfresser erlitten hätte. »Nun weißt du es«, behauptete Endora, »fünf vor elf.« Das sollte die Uhr gesagt haben?

Im nächsten Augenblick flackerte das Licht mehrmals. »Es muss elf sein«, rief ich, »das war die Lichtwarnung für die letzte Bestellung.« Mitnichten, gab Endora zurück. Die Kneipenuhr müsse vorgehen. Das möge sein, wandte ich ein, aber es sei nun mal das offizielle Zeitmessgerät, das über Getränk oder Nichtgetränk entscheide. Nichts zu machen: Endora drückte mir die Uhr ans Ohr, bis ich das Schnarren richtig deutete: Jetzt war es *eleven o'clock*. Bei ihrer Mutter hätte es auch eine Weile gedauert, bis die Verständigungsschwierigkeiten mit der Armbanduhr überwunden waren, tröstete sie mich.

Die 87jährige Mutter hatte vorher eine moderne Uhr mit Digitalanzeige besessen, die sie aber nicht sehen konnte, weil sie blind war. Die Tochter konnte die Uhr zwar sehen, aber nicht lesen, weil sie Legasthenikerin war. Dann stieß sie auf die sprechende Uhr und kaufte zwei Stück. Und nun drückte Endora noch mal auf den Knopf, damit auch die letzten Hoffnungen auf ein Bier verflogen: »*Ten minutes past eleven.*« Aus dem Mund der Uhr klang es fast höhnisch.

In Ilrand ist das Renklad lechts

Autofahren ist eins der letzten Abenteuer in Irland. Vor allem, wenn man ein Auto aus dem Ausland importiert hat. Irgendwann musste es passieren. Zunächst hatte ich das Pärchen, das an der Tür geklingelt hatte, für Zeugen Jehovas gehalten und zu verscheuchen versucht. Da zückte der Mann in Kojak-Manier eine offiziell aussehende Marke und bellte: »Steuerfahndung.« Ob ich nicht wisse, fragte er, dass man ein Auto innerhalb von 24 Stunden in Irland anmelden müsse, nachdem man es importiert hat? Diese Frist hatte ich recht deutlich überschritten: Ich fuhr seit sechs Jahren mit deutschem Nummernschild herum. Lügen hatte keinen Zweck, soviel war klar. Die beiden schienen gut informiert. Jetzt ging es darum, ein gebührendes Maß an Zerknirschung zu zeigen.

Früher musste man Einfuhrzoll in Höhe von 50 Prozent des Wagenwertes zahlen. Da Autos in Irland offenbar mehr wert sind als anderswo, war das ein teures Vergnügen. Dann kam der europäische Einheitsmarkt, die Zollgrenzen fielen, und alles blieb beim alten: Statt des Einfuhrzolls erfand die irische Regierung eine Kfz-Registrierungssteuer in gleicher Höhe. Und die hatte ich bisher hinterzogen, erklärte der Beamte vorwurfsvoll und gab mir eine Woche, die Sache in Ordnung zu bringen.

Die Kfz-Meldestelle am Hafen erwies sich als winziger Verschlag mit einem Fenster, hinter dem sich ein riesiger Saal für drei Beamte erstreckte. Einer von ihnen schüttelte entsetzt den Kopf: »Ihr Auto hat das Lenkrad links.« Das war mir bereits aufgefallen. »Sie wissen, dass die Autos in Irland Rechtssteuer haben, und gefahren wird auf der linken Straßenseite.« Auch das war mir bekannt, schließlich hatte ich den Wagen unfallfrei bis zu seinem Amt gelenkt. Um die Autopapiere auszustellen, müsse er erst den Computer an die kontinental-europäische Lenkradvariante anpassen. Das könne dauern. »Gehen sie solange in den Pub an der Ecke«, befahl er. Es war zehn Uhr morgens. Um meine Autopapiere nicht mit Alkoholfahne abzuholen, trank ich einen Kaffee. Bei meiner Rückkehr machte der Beamte ein bedauerndes Gesicht und verkündete, sein Versuch, den Computer umzustellen, sei komplett fehlgeschlagen. Das Gerät habe, mit der Unterscheidung von rinks und lechts wohl überfordert, den Geist aufgegeben. Heute würde jedenfalls niemand mehr ein Auto in Irland anmelden können. Falls ich ihm die Registrierungssteuer bezahlte, würde er mir alles zuschicken.

Eine Woche später bekam ich tatsächlich die Papiere und einen Brief: »Sie haben drei Tage Zeit, um die Kfz-Steuer zu zahlen und sich irische Nummernschilder zu besorgen.« Dafür gibt es eine andere Behörde. Dort erklärte man mir, dass ich einen Versicherungsnachweis vorlegen müsse, um die Steuermarke zu bekommen, die man an die Windschutzscheibe kleben muss. Irische Versicherungen sind jedoch wählerisch, sie nehmen nicht jeden. Da ich aber ein Dokument meiner deutschen Versicherung vorlegen konnte, aus dem hervorging, dass ich seit meiner Geburt unfallfrei fahre, war ich optimistisch. Völlig grundlos, wie sich herausstellte. Der Versicherungsagent machte ein bestürztes Gesicht, als die Sprache auf das Linkssteuer kam. »Das kostet extra«, meinte er, denn in Irland sei das Steuer normalerweise rechts. Dann verlangte er eine Bescheinigung, dass auch das Auto seit seiner Geburt unfallfrei sei. Diese Hürde ließ sich gerade noch bewältigen. Das stachelte ihn zu immer maßloseren Forderungen an.

Als nächstes verlangte er eine Fotokopie der Führerscheine aller Personen, die das Auto jemals fahren würden. Ich reichte drei Stück ein. Nun wollte er auch Kopien der drei Führerscheinrückseiten. Die tragen zwar weder Nummer noch Namen, sondern sehen völlig identisch aus, aber ich tat ihm den Gefallen. Daraufhin verlangte er eine Bescheinigung, dass alle in Frage kommenden Fahrer lebenslang unfallfrei gefahren sind. In Irland wird die Versicherungsprämie pro Person berechnet. Und wenn die zu jung ist, um Jahrzehnte schadensfrei zu sein, wiegt das noch schwerer als ein Linkssteuer. Ich erklärte mit Engelszungen, dass die deutsche Versicherung überhaupt nicht wissen könne, wer wie oft unfallfrei gefahren ist. Er schien das zunächst zu kapieren, wiederholte aber am nächsten Tag die Forderung – diesmal schriftlich.

Danach musste ich drei weitere Kopien aller Führerscheine sowie Bescheinigungen über Farbe, Unfallfreiheit und Motornummer des Autos einreichen, doch der Versicherungsmakler war noch immer nicht zufrieden. Dann stand das Pärchen von der Steuerfahndung wieder vor der Tür. Diesmal verwechselte ich sie nicht mit Zeugen Jehovas, sondern warf gleich den Teekessel an, um sie milde zu stimmen.

Die Strategie war zu durchsichtig. »Sie hatten drei Tage Zeit, um das Auto umzumelden«, sagte er mit dem mir bereits bekannten vorwurfsvollen Ton. »Jetzt sind acht Wochen um, und das Auto hat noch immer deutsche Nummernschilder.« Ich legte ihnen den inzwischen sehr umfangreichen Briefwechsel mit der Versicherung vor. Das sei ihnen egal, ich könne trotzdem die mir zugeteilten irischen Nummernschilder anbringen. »Dann muss ich bei jeder Polizeikontrolle Strafe zahlen, weil kein Steuernachweis an der Windschutzscheibe klebt«, wandte ich ein. »Den bekomme ich nämlich erst, wenn ich einen Versicherungsnachweis habe.« Okay, heuchelte der Beamte Verständnis. »Dann gibt es eben eine Strafe wegen der deutschen Nummernschilder.«

So kam ich zu meinem ersten Bußgeldbescheid in Irland. Es war nicht der letzte. Einmal, als die Ampel von Grün auf Gelb schaltete, gab ich Gas und huschte über die Kreuzung – gemeinsam mit dem Auto vor mir. Es war ein Polizeiauto. Ob ich öfter rote Ampeln ignoriere, wollte der Beamte wissen. Es sei doch noch Gelb gewesen, wandte ich ein. »Kirschgelb«, blaffte er und verlangte meinen Führerschein.

Seine Laune verbesserte sich nicht, als ich ihm

meinen betagten deutschen Schein reichte. Der graue Lappen hatte schon einiges mitgemacht und war recht speckig. Der Polizist faltete ihn mit spitzen Fingern auseinander und starrte ungläubig auf das Foto. »Das könnte dein Enkel sein«, sagte er. Nun ja, ich war 16, als ich fotografiert wurde. Er fragte: »Mit 16 darf man in Deutschland Auto fahren?« Nein, antwortete ich, es sei ein Mopedführerschein. Er starrte meinen Wagen an und meinte: »Er ist zwar sehr klein und verbeult, aber in Irland gilt so etwas dennoch als Auto.« Auf der Rückseite sei der Führerschein auf Klasse 3 für Autos erweitert, beruhigte ich ihn. Der Stempel, der das bekundete, war allerdings längst verblasst, so dass nur noch die handschriftliche »3« zu erkennen war.

Der Polizist sah sich verunsichert um. Offenbar vermutete er, dass er gerade Opfer der »Versteckten Kamera« wurde. Er fragte, ob ich ihn veralbern wolle. Der Führerschein sei doch längst abgelaufen. Aber nein, versicherte ich ihm, man müsse ihn nicht wie in Irland alle paar Jahre erneuern und eine happige Gebühr entrichten. Das Wort »Gebühr« erinnerte ihn an den eigentlichen Grund für unsere Unterhaltung. »Du hast Glück«, sagte er. »Die beiden Strafpunkte kann ich dir nicht aufbrummen, da es kein irischer Führerschein ist. Aber die Strafgebühr für das Überfahren der roten Ampel musst du zahlen, trotz Mopedführerschein und Enkelfoto.«

Im Grunde sei der Zuständige für die Dubliner Verkehrsplanung schuld, sagte ich. Zum einen seien die Rotphasen unendlich lang, zum anderen seien die Ampeln auf den Hauptstraßen nicht koordiniert. Auf dem zwei Kilometer langen

Stück Richtung Flughafen stehen acht Ampeln, manche nicht mal 200 Meter voneinander entfernt, und hat man Pech, müsste man an jeder Ampel halten, wenn man es streng auslegte. »Ach so«, flötete der Beamte. »Das ist natürlich etwas anderes. Ich werde den Strafzettel an die Verkehrsplanungsbehörde schicken, die werden ihn bestimmt bezahlen.« Ich lachte, und er lachte auch, aber sein Lachen klang gehässig.

Ob ich etwa getrunken habe, fragte er mich. »Ein Glas Milch«, wollte ich sagen, was zwar der Wahrheit entsprach, aber von dem Beamten möglicherweise erneut als Provokation aufgefasst worden wäre. So sagte ich statt dessen: »Nein, ich habe nichts getrunken. Jedenfalls keinen Alkohol.« Er gab sich überrascht: »Na so was. Wenn du nüchtern schon solchen Unfug erzählst, was redest du dann bloß in betrunkenem Zustand?«

Nach ein paar Tagen kam ein Brief mit der Mitteilung, dass ich zwei Strafpunkte bekommen habe. Der Beamte hatte recherchiert und herausgefunden, dass ich auch einen irischen Führerschein besitze. Mein Gott, wie kann man nur so nachtragend sein.

Dabei sind die Verkehrsplaner tatsächlich schuld am Chaos auf irischen Straßen. Außerdem muss einer von ihnen eine Fabrik für Verkehrsschilder besitzen. Seit neuestem ist Dublin die bestausgeschilderte Stadt Europas. Wo man hin will – oder auch nicht: Grüne Schilder mit weißer Schrift weisen den Weg. Wer aus dem nordirischen Derry auf der N 2 nach Dublin hineinfährt, wundert sich am Stadtrand über ein Hinweisschild nach Derry, das nach rechts zeigt. Nach zwanzig Metern weist ein weiteres Schild nach rechts, und wenn man ihm folgt, befindet man sich wieder auf der N 2 – diesmal in Richtung Derry. Will man die nordirischen Gäste so schnell loswerden?

Sehenswürdigkeiten kann man künftig nicht mehr übersehen. Selbst Dichter, die man früher davongejagt oder eingesperrt hat, haben jetzt eigene Schilder: Jede Stelle, an der sich James Joyce den Schuh zugebunden oder Brendan Behan sich übergeben hat, ist weiträumig angezeigt. Auch das leidige Parkplatzproblem in der Innenstadt hat man fast in den Griff bekommen: Elektronische Hinweistafeln rund um den Stadtkern weisen auf das nächste Parkhaus und geben sogar die Zahl der freien Plätze an. 1.500 leere Parkplätze am Stephen's Green abends um zehn sind erfreulich, das Parkhaus ist praktisch leer – bis sich herausstellt, dass es tatsächlich leer ist, weil es bereits um neun geschlossen hat. Davon war auf der Hinweistafel freilich keine Rede.

Mit den neuen Ampeln klappt es auch noch nicht so richtig. Im Gegensatz zu den Autoampeln, die wie in den meisten Ländern von Rot direkt auf Grün umspringen, haben die Fußgängerampeln jetzt eine Gelbphase dazwischengeschaltet. Sollen sich die Fußgänger schnell ein Startloch graben, bevor es Grün wird?

In Eddie Lenihan haben die Verkehrsplaner allerdings ihren Meister gefunden. In Newmarket-on-Fergus in der Grafschaft Clare war eine Umgehungsautobahn geplant, der Staat hatte bereits die zu asphaltierenden Wiesen aufgekauft. Da trat Eddie Lenihan auf den Plan. Von Beruf ist er »Storyteller«, und wenn er seine Geschichten von Feen und Dämonen erzählt, zittert sein mächtiger Backenbart. Und er setzt sich für die Wohnorte seiner Protagonisten ein.

In Newmarket-on-Fergus sollte ein Feenbusch der neuen Straße weichen. Lenihan protestierte: Der »Sceach«, wie er im Irischen heißt, sei der Treffpunkt für die Feen aus Kerry im Südwesten Irlands, wenn sie auf ihrem Weg in die Provinz Connacht sind, um gegen die dortigen Feen zu kämpfen. »Unter dem Busch halten die Kerry-Feen Kriegsrat und besprechen ihre Taktik für den nächsten Angriff«, sagte Lenihan, und er konnte es beweisen: Das Gras um den Busch herum sei regelmäßig mit dem weißen Blut der Feen bedeckt. Der Busch sei deshalb ein heiliger Ort. »Und er kann nie mehr zu einem normalen Ort werden, auch wenn man den Busch abreißt«, sagte er. Das wäre außerdem höchst leichtfertig: Falls der »Sceach« zerstört würde, käme es mit Sicherheit zu vielen tödlichen Unfällen auf der Umgehungsstraße. Das wollten die Verkehrsplaner natürlich nicht. Sie schickten ihren Architekten Tom Carey, um den Dornenbusch zu begutachten. Ja, sieht ganz wie ein »Sceach« aus, meinte auch er und änderte die Baupläne: Die Straße macht nun einen Bogen um den Busch. Eddie Lenihan war erleichtert: »Ich bin froh, dass die Leute zur Vernunft gekommen sind.« Er glaubt, dass man den Feenbusch touristisch vermarkten könne, die Zahl der Besucher in der Grafschaft Clare werde sich mit Hilfe der Feen schlagartig erhöhen. Die Zahl der Zusammenstöße vermutlich auch: Wenn die Touristen auf der Autobahn in die Bremsen steigen, um die Feen kämpfen zu sehen, werden die statt dessen am Straßenrand stehen und sich über die Blechschäden amüsieren.

Manchmal entsehen Blechschäden auch über Nacht. In Berlin demolieren sie Luxusautos, und in Paris lassen sie bei Geländelimousinen die Luft aus den Reifen. In Dublin hingegen fangen sie klein an – mit Kleinwagen. Vor allem mit meinem. Es begann mit einem nächtlichen Tritt gegen den Kotflügel. Aber da die 13 Jahre alte Kiste ohnehin nicht scheckheftgepflegt ist, sah ich von einer Anzeige ab, um mich nicht lächerlich zu machen.

Dann warf man mir das Fenster auf der Beifahrerseite ein und baute das Radio aus. Offenbar bemerkten die Gauner dann, dass es sich um ein billiges Gerät handelte, und ließen es auf dem Sitz liegen, um mich zu demütigen. Diesmal musste ich wegen der Versicherung die Polizei verständigen. Die Diebe haben wohl die Sitze mit schwarzen Müllsäcken abgedeckt, um keine Spuren zu hinterlassen, vermutete der Beamte, der wie »Tatort«-Kommissar Bienzle aussah. Nein, erklärte ich ihm, das war ich selbst: Bei Regen tropfe das Wasser durch die Innenbeleuchtung auf die Sitze.

Bienzle beschlagnahmte das Radio, um es auf Fingerabdrücke zu untersuchen. »Sie können es behalten«, sagte ich zu ihm. »Wenn es nicht gut genug für die Diebe ist, dann ist es auch nicht gut genug für mich.« Da der elektrische Fensterheber, über den der Wagen trotz seines hohen Alters verfügt, nicht kompatibel mit der neuen Scheibe ist, muss man sie nun mit beiden Händen hochschieben.

Zwei Wochen später schlugen die Kleinwagenhasser erneut zu. Diesmal nahmen sie das Fenster auf der Fahrerseite. Die Diebe ärgerten sich wohl darüber, dass ich kein neues Radio eingebaut hatte, und verbogen die Tür. Jetzt lässt sie sich nicht mehr abschließen. Ich zog eine Alarmanlage in Erwägung. Der Automechaniker schaute mich ungläubig an und fragte: »Eine Alarmanlage? Für dieses ... äh, Auto? Die kostet dich mehr, als der Schrotthaufen wert ist.«

Früher war es nicht besser. 1929 wurde in Irland das »Korps der Autoparkkommissare« gegründet. Damals fuhren 2.500 Autos auf der ganzen Insel, aber in der Dubliner Innenstadt gab es nur für 21 Autos Parkplätze. Die konnte man für fünf Schilling pro Monat mieten. Darin eingeschlossen war eine Versicherung »gegen Diebstahl irgendwelcher Gegenstände, die er im Auto liegengelassen hat«. Die Kommissare waren eine Art Raubritter, denn wer nicht zahlte, wurde von ihnen beraubt.

Solche Kommissare gibt es heute noch. Man nennt sie »kriminelle Jugendliche«, und wenn sie anbieten, auf das Auto aufzupassen, nimmt man das Angebot besser an. Bei meinen Türverbiegern handelte es sich um vier angetrunkene, aber kräftige Kinder. Es waren vermutlich dieselben, die nachts Kanaldeckel in der Innenstadt entfernen. Ich fuhr natürlich genau in eins dieser Löcher hinein. Der Vorderreifen hatte, ebenso wie die Felge, eine elliptische Form angenommen. Ein Reifenwechsel nachts um eins ist ein besonderes Vergnügen, wenn er von lallenden Ratschlägen der Pubheimkehrer begleitet wird.

Als ich das eiförmige Rad zur Reparatur abgab, schüttelte der Experte seinen Kopf und sagte: »Der Reifen ist tadellos in Ordnung, aber die Felge ist hin.« Eine neue sollte ein Vermögen kosten.

Als ich dankend ablehnte, fügte er hinzu: »Ich könnte versuchen, sie gerade zu hämmern, aber meistens zerspringt sie dabei.« Ich hatte nichts zu verlieren. Nach ein paar Hammerschlägen sah die Felge aus wie ein Rugbyball, aber erstaunlicherweise entwich keine Luft mehr aus dem Reifen. »Na also«, meinte der Spezialist. Aber, fragte ich misstrauisch, ist das auch sicher? »Bombensicher«, antwortete der Reifendoktor, »so lange die Luft drin bleibt.«

Das blieb sie, und so wurde das Auto eines Tages nicht Opfer eines Verbrechens, sondern Tatwerkzeug. Es war eine Schnapsidee. »Wir brauchen eine Komposttonne«, hatte Mary-Kate gesagt, »und du hast ein Auto.« Anne wusste, wo rotweiß angestrichene Blechtonnen herumstanden: »An der North Circular Road ist die Straße aufgerissen, dort gibt es massenhaft Tonnen als Absperrung.« Um Mitternacht ging es los. Wir wählten eine Tonne aus, die ihre Funktion ohnehin nicht mehr erfüllte, weil sie umgefallen und an den Straßenrand gerollt war. Sie passte nicht in den Kofferraum. Also legten wir sie obenauf und ließen den Deckel offen. Anne lief hinter dem Auto her und achtete darauf, dass die Tonne unterwegs nicht hinausfiel.

Leider hatten die beiden Frauen nicht erwähnt, dass die Tonne genau vor dem Mountjoy-Polizeirevier lag. Ich kam keine zweihundert Meter weit, als sich ein Streifenwagen kojakmäßig vor mir querstellte. Ob ich Blechtonnen sammle, wollte der Beamte wissen. Ich sagte, dass ich lediglich zwei Bekannten einen Gefallen tun wollte, und versuchte, ihm die Vorzüge von Kompost zu erläutern. Das unterband er mit dem zweifellos berechtigten Hinweis, dass man dafür nicht einfach Verkehrshinweisschilder entwenden dürfe – denn um nichts anderes handle es sich bei der Tonne. Wer denn die beiden Bekannten seien, die mich dazu angestiftet hätten?

Mary-Kate saß mit völlig unbeteiligtem Gesicht auf dem Rücksitz und leugnete jegliche englischen Sprachkenntnisse. Anne war einfach weitergelaufen und beobachtete das Geschehen aus sicherer Entfernung. Da sie sich jedoch vor Lachen krümmte und an einer Laterne festhielt, wurde der Polizist stutzig. »Ist das etwa eine der beiden Frauen?« fragte er. »Ich weiß nicht, ich bin kurzsichtig«, antwortete ich. »Dann sieh lieber noch mal hin«, bellte der Beamte, »bevor ich deinen Führerschein wegen Blindheit einziehe.«

Jetzt erkannte ich Anne natürlich. Nachname? »Keine Ahnung, ich habe sie gerade im Pub kennengelernt«, log ich. »Ach«, horchte der Polizist auf, »ihr kommt gerade aus dem Pub?« Eigentlich war es eher ein Café, meinte ich. »Anne, komm sofort hierher!« rief der Polizist, und Anne gehorchte. Der Beamte versuchte ihr den Ernst der Situation klarzumachen, doch sie zettelte eine Diskussion über Hortikultur an – ausgerechnet das Hobby des Ordnungshüters. Ich wollte mir die Situation zunutze machen: »Ich werde die Tonne am besten wieder an ihren Platz zurückfahren«, sagte ich und wollte mich aus dem Staub machen.

»Fahren?« fragte der uniformierte Gärtner. »Du wirst sie zurücktragen.« Unter den hämischen Zurufen der Passanten schleppte ich das unhandliche Teil die Straße entlang und platzierte es vor den Eingang des Polizeireviers. Dann durften wir gehen, und Mary-Kate sprach auch wieder englisch.

Dann sind sie doch noch zu einer Tonne gekommen. Auf dem Nachhauseweg entdeckte ich vier rotweiße Blechtonnen am Straßenrand. Man hatte sie noch nicht abgeholt, obwohl die Bauarbeiten offenbar längst beendet waren. Diesmal packte ich die Tonne auf den Rücksitz und lud sie bei Mary- Kate und Anne ab. Erst dann bemerkten wir, dass die Tonne an beiden Enden zugeschweißt war. Sonst würden sie wohl zu öffentlichen Mülltonnen umfunktioniert, vermutete Anne. Jetzt suchen wir einen zwei Meter großen Dosenöffner.

Was ist schon die Entwendung einer Komposttonne im Vergleich zu einem Eisenahnraub? Und ich meine damit nicht bloß den Überfall auf einen Zug. Acht Iren hatten bei einer Dubliner Firma einen Kran gemietet und ihn nach Drogheda nördlich von Dublin bestellt. Der Kranführer war ziemlich überrascht, als man ihm eine Pistole an den Kopf hielt und ihn zwang, das riesige Gerät nach Norden zum stillgelegten Bahnhof von Dunleer zu fahren. Dort nahmen die Krandiebe einen Streckenarbeiter von Irish Rail gefangen und baten ihn nachdrücklich um eine Handvoll Zündkapseln. Wenn ein Zug über eine solche Kapsel fährt, explodiert sie. Das ist ein Zeichen für den Lokomotivführer, auf Schrittgeschwindigkeit herunterzugehen. Das tat er dann auch, so dass einer der Gangster auf den Güterzug aufspringen und den Lokführer sowie einen Sicherheitsbeamten überwältigen konnte.

Die Diebe besaßen also einen Kran, einen Zug und einen offenen Lastwagen, den sie am Vortag geklaut hatten. Das passte gut zusammen. Der Kranführer musste nun einen schweren Container vom Güterzug auf den Lastwagen umladen. Während sich sieben der Gangster mit dem Lastwagen aus dem Staub machten, blieb einer zurück, band Sicherheitsbeamte, Gleisarbeiter, Lok- und Kranführer in der Lokomotive fest und fuhr mit dem Güterzug nach Portmarnock bei Dublin. Dort parkte er den Zug und verschwand.

Irish Rail merkte erst, dass ein Zug abhanden gekommen war, nachdem sich die vier Gefangenen befreit hatten. Die Polizei traf anderthalb Stunden nach dem Zugraub im Bahnhof von Dunleer ein und stellte den Kran sicher. Immerhin, Zug und Kran waren unversehrt, und später am Abend fand man sogar den Container. Er war so gut wie leer: Am Boden lag eine Stange Zigaretten, was auf einen ausgeprägten Sinn für Humor bei den Dieben hindeutet. Sie hatten nämlich sechs Millionen Zigaretten erbeutet, da fällt eine Stange Trinkgeld nicht weiter ins Gewicht. Die Kippen waren auf dem Weg zum Dubliner Hafen, wo sie verschifft werden sollten.

Die irischen Zeitungen konnten ihre Bewunderung für den Coup kaum verhehlen. »Erst ein Kran, dann 'ne Bahn«, titelte die *Irish Times* und attestierte den Räubern generalstabsmäßige Planung, während ein Boulevardblatt vom »großen Zugrauch« schwärmte – vermutlich handelte es sich um rauchende Reporter.

Mit Bewunderung kann Jimmy hingegen nicht rechnen. Wenn man ihn zum Nachbarn hat, kann man genauso gut nach Kabul ziehen. Jimmy wohnt neben der Kirche in Fanore, einem Dorf an der irischen Westküste. Der Pfarrer wunderte sich jahrelang über die hohen Stromrechnungen, bis er eines Tages beim Rasenmähen ein Stromkabel durchtrennte. Als er dem Kabel nachging, stellte er fest, dass es von der Kirche geradewegs zu Jimmys Haus führte. Das erklärte, warum bei Jimmy stets Festbeleuchtung brannte, obwohl ihm die Elektrizitätsgesellschaft längst den Strom abgestellt hatte, weil er Rechnungen aus Prinzip nicht bezahlte.

Als Wasseruhren eingeführt wurden, wunderte sich der Pfarrer erneut über die hohen Rechnungen. Das Wasser hätte ausgereicht, um ganz Irland zu taufen. Irgendwo musste ein Leck sein, vermutete der Pfarrer. Er ließ die Erde aufbuddeln, wo die neue Wasserleitung angeblich verlief. Der halbe Kirchhof war umgegraben, als man auf die alte Leitung stieß, und siehe da: Der Klempner hatte einfach die alte Leitung benutzt, aber der Kirche eine neue Leitung in Rechnung gestellt. Die Sache wäre nie aufgeflogen, wenn es an der alten Leitung nicht diesen Abzweig zu Jimmys Haus gegeben hätte.

Da Jimmy nun kein Wasser hatte, funktionierte auch seine Waschmaschine nicht mehr. Dennoch war er stets sauber gekleidet. Den Grund dafür fand der Besitzer der Jugendherberge heraus. Dessen Waschmaschine steht im Schuppen neben der Herberge. Als er eines Tages nach Hause kam, lief die Maschine auf vollen Touren. Jimmy hatte es sich daneben gemütlich gemacht und wartete, dass der Schleudergang beendet war.

Als bei Finian nachts der frisch gefüllte Öltank geleert worden war, fiel der Verdacht natürlich sofort auf Jimmy. Der aber hatte ein Alibi: Er hatte keine Möglichkeit, tausend Liter Öl zu transportieren. Sein Auto war zwei Jahre zuvor auf dem Berg liegen geblieben und rostet dort vor sich hin – auf dem Rücksitz ein 20-Liter-Kanister mit Benzin, das Jimmy irgendwo abgezapft hatte. Da der Tank seines Autos leckte, hatte er den Kanister durch einen Schlauch mit dem Motor verbunden. Dass der Wagen nicht in die Luft geflogen ist, grenzt an ein Wunder.

Sein Traktor hatte sich auf der Düne überschlagen. Jimmy war auf dem Weg, um ein paar Wohnwagen zu zertrümmern, weil er mit dem Campingplatzbesitzer im Streit lag, hatte aber die Düne unterschätzt. Seitdem ist er Fußgänger, was seinen Unheilsaktionsradius zur Freude der weiter entfernten Dorfbewohner einschränkt. Dem Pfarrer nützt das freilich nichts. Jimmy hat ihm das Seil der Kirchenglocke abgeschnitten, weil ihm das Gebimmel auf die Nerven ging.

Seine Familie kümmert sich rührend um Jimmy. Wenn er es mal wieder zu bunt getrieben hat und die Polizei vor der Tür steht, schicken ihn seine Angehörigen für ein paar Monate zu anderen Verwandten nach England, wo er eine Spur der Verwüstung nach sich zieht. Jimmy ist Irlands Rache für Cromwell.

Manchmal kommt die Polizei aber auch nicht, wenn man sie ruft. Vor einigen Jahren ging eine merkwürdige Krankheit in Irland um: die blaue Grippe. Sie befiel lediglich die blau uniformierten Polizeibeamten niederer Ränge. Dort wütete sie aber gründlich – vier Fünftel aller Polizisten, mehr als 6.700 Leute, meldeten sich krank. Genauso plötzlich, wie die Grippe ausgebrochen war, verschwand sie auch.

Weil Polizisten keiner Gewerkschaft, sondern

nur einem Interessenverband angehören dürfen, können sie nicht streiken – jedenfalls nicht offiziell. Der Polizeiverband hatte sich bei der letzten Lohnrunde über den Tisch ziehen lassen, als man sich mit Verbesserungen bei der Rente abspeisen ließ und dafür auf Lohnerhöhungen verzichtete. Viele jüngere Beamte traten daraufhin aus dem Verband aus. Dessen Bosse hatten solche Furcht vor ihren ehemaligen Mitgliedern, dass sie für ihren Kongress eine private Sicherheitsfirma anheuerten.

Für Verkehrssünder und Kleinkriminelle waren es Feiertage: Sie wurden alle freigesprochen, weil kein einziger Polizist vor Gericht erschienen war, um gegen sie auszusagen. Damit es nicht so auffiel, dass Irland praktisch an der Schwelle zur Anarchie stand, schickte der Polizeichef die höheren Ränge gemeinsam mit rund tausend Lehrlingen auf die Straße und hängte ihnen leuchtend gelbe Lätzchen um. So waren sie nicht nur weithin sichtbar, sondern die Lätzchen verdeckten auch die charakteristischen Jacketts der Polizeilehrlinge. Alle beteten gemeinsam, dass Irlands Unterwelt den Bluff nicht durchschauen würde, denn der Nachwuchs hatte bisher lediglich gelernt, wie man gegen Parksünder vorgeht.

Die Armee übernahm die Notrufzentrale. Das führte zu manchem Missverständnis. Ein paar Kinder, die einer Frau die Geldbörse geklaut hatten, waren verblüfft, als sie plötzlich von einem Dutzend uniformierter Polizisten, ebenso vielen Zivilbeamten und einem schwerbewaffneten Sondereinsatzkommando in mehreren Streifenwagen umzingelt waren. Sie hatten noch nie so viel Polizei auf einem Haufen gesehen. Der Soldat in der

Notrufzentrale hatte nicht »purse«, also »Geldbörse«, sondern »Post« verstanden und geglaubt,
es handle sich um einen bewaffneten Raubüber-
fall auf ein Postamt.

Man hätte die Soldaten nie zum Telefondienst
abkommandieren dürfen, denn fast alle haben
einen Gehörschaden. Es fing damit an, dass ein
Soldat schwerhörig wurde. Er vermutete, das sei
eine Spätfolge seiner Schießübungen im Dienste
der Nation. Sein Anwalt vermutete das auch, und
der Richter ebenfalls. Der Soldat kassierte mehr
als 30.000 Euro Entschädigung. Kaum war der
Fall bekannt, da erlitt fast das ganze Heer einen
kollektiven Hörsturz. Von den 12.000 Berufssol-
daten zogen mehr als 10.000 vor Gericht.

Als sie in die Armee eintraten, hatten sie offenbar nicht damit gerechnet, irgendwann schießen
zu müssen. Meistens werden sie zur Bewachung
von Geldtransporten eingesetzt, nur fünf Stunden
im Jahr sind sie in Gefechtsübungen mit scharfer
Munition. Und das ist schlecht für die Ohren. Die
uniformierten Musikanten wollten sich auch ein
Stück vom Entschädigungskuchen sichern: Vier-
zehn Mitglieder der Armeekapelle zogen vor Gericht, weil sie es wegen der lauten Blasmusik an
den Ohren hatten. Nur wenige Klagen wurden
abgewiesen. Ein Soldat, der während seiner mili-
tärischen Laufbahn nicht einen einzigen Schuss
abgefeuert hatte, ging leer aus, ebenso wie ein
Journalist, der über das Leben in der Armee be-
richten wollte und bei Schießübungen zugeschaut
hatte.

Die Armee wurde für Irland zu einem kostspie-
ligen Hobby. Zur Landesverteidigung würden die
paar Soldaten auch dann nicht taugen, wenn sie

hören könnten. Feindberührung kennen sie nur aus ihren Einsätzen bei UN-Missionen. Das brachte einen Soldaten, der bei der Gehörlosenbonanza nicht absahnen konnte, auf einen Alternativplan. Er verklagte die Armee, weil sie keine Sonnenschutzcreme an die UN-Truppen im Libanon verteilt hatte. Der Soldat hatte sich einen Sonnenbrand in Sachen Frieden geholt.

Die irische Armee würde wohl nicht mal mit Zinnsoldaten fertig. Selbst für den Kampf gegen ein Gespenst musste sie Gott um Hilfe bitten. Im Coolmoney House, das der irischen Armee seit 1922 gehört, ist Ende des 19. Jahrhunderts eine schreckliche Bluttat geschehen. Damals war das Haus im Besitz der reichen Hutchinson-Familie, und bei einem Empfang schwängerte ein Landadliger das Hausmädchen Nelly. Damit die Sache nicht herauskam, erstach er sie und warf sie aus dem Fenster. Seitdem spukt Nelly im Haus herum, verschiedene Augenzeugen haben sie im Lauf der Jahrzehnte gesehen. Die Hutchinsons verkauften Coolmoney House 1912 an die britische Armee, und nach der Unabhängigkeit Irlands fiel das Haus der irischen Armee in die Hände.

Die wusste nicht so recht, was sie damit anfangen sollte. Bis 1990 waren Offiziere dort untergebracht, doch keiner traute sich in das Zimmer 21a, wo das Verbrechen geschehen war. Es gibt dort einen Blutfleck auf dem Holzfußboden, der sich auch mit den schärfsten Scheuermitteln nicht beseitigen lässt. Vor Jahren hat sogar ein Tischler neue Dielen in dem Zimmer gelegt, doch der Blutfleck kam wieder zum Vorschein. Da ließ man das Haus lieber leer stehen, bis es abgerissen werden sollte, doch Kevin Croke, der Kommandant der Kaserne, zu der Coolmoney House gehört, bekam in letzter Minute kalte Füße. Seiner Tochter Yvonne ist der Hausmädchengeist nämlich ebenfalls erschienen. Nelly stand am Fenster, Yvonne Croke konnte sie genau beschreiben: 1,65 Meter groß, schwarze, ungepflegte Haare, ein einfaches, weißes Kleid mit einem schwarzen Gürtel. Besondere Kennzeichen: Nelly war durchsichtig. Vater Kevin nahm die Sache mit Nelly ernst und holte den Armeekaplan Declan Foley, der Nelly zur ewigen Ruhe verhelfen sollte. Möglicherweise dachte Croke auch an die Schadensersatzforderungen, sollte ein Soldat dem Gespenst begegnen und wegen psychischer Schäden klagen.

Kaplan Foley leistete ganze Arbeit. Vor 40 Zuschauern – darunter Yvonne Croke, der Nelly während der Zeremonie erneut erschien – betete er für Nellys Seele. Danach spritzte er Weihwasser in jedes Zimmer. Nelly ward seither nicht mehr gesehen, doch der Armee nützt das wenig: Aus dem geplanten Abriss wurde nichts. Durch den Exorzismus wurde das Kulturamt auf das Haus aufmerksam und stellte es unter Denkmalschutz. Die Armee sucht seitdem einen Freiwilligen, der dort Wache schieben will.

Die Schadensersatzklagen von Polizisten und Soldaten führten übrigens dazu, dass auch die Zivilisten schnelles Geld machen wollten. Das funktionierte allerdings nicht immer. Eine Donna Keating war nach einer Zechtour angeblich in ein Schlagloch gefallen und hatte sich den Knöchel verletzt. Der Richter wunderte sich, dass sie erst anderthalb Stunden nach dem Unfall einen Krankenwagen gerufen habe. Ob sie so lange in dem Loch gelegen habe? Außerdem scheine sie ein furchtbarer Unglücksrabe zu sein, denn ihr widerfahre so etwas ja ständig, wie die Gerichtsakten belegten. Möglicherweise ist Pech ansteckend: Sämtliche Mitglieder ihrer Familie waren irgendwann einmal in ein Schlagloch gefallen und hatten geklagt. Und von den dreizehn Spielern eines Fußballteams, das Keating betreut, waren zehn verunglückt und vor Gericht gezogen.

Da klang die Geschichte der ehemaligen Justizministerin schon glaubwürdiger. Vielleicht war ja auch das Schlagloch größer, in das Maire Geoghegan-Quinn auf dem Nachhauseweg vom Weihnachtsfest ihrer Partei gestürzt war. Wer die Weihnachtsfeiern der Soldaten des Schicksals – so heißt die Partei Fianna Fáil auf deutsch – kennt, wird nicht sonderlich überrascht sein. Die Stadtverwaltung musste jedenfalls blechen. Danach begann ein landesweites Wettrennen zwischen den Verwaltungen, die die Schlaglöcher zu füllen versuchten, und Menschen mit Kameras, die vorher noch ein Foto als Beweismittel für das Gericht schießen wollten.

Was Charlie Parker für den Jazz war, so schrieb die Journalistin Anne-Marie Hourihane, seien die Iren für das Justizsystem: Sie improvisierten so lange, bis etwas völlig Neues und Wunderbares entstehe.

Kleine Monster

Beide Wörter fangen mit dem selben Buchstaben an, und das nicht ohne Grund: Kinder und Katastrophen liegen dicht beieinander. Und die Mini-Terroristen werden immer jünger. Aber dass ein Fünfjähriger eine ganze Insel an den Rand der Lynchjustiz treiben kann, kommt nicht alle Tage vor. Kieran sieht aus wie das Titelbild jedes zweiten Irlandbuches: rothaarig mit unzähligen Sommersprossen. Außerdem kommt das Energiepäckchen mit erstaunlich wenig Schlaf aus. Patricia, seine Mutter, war nach dem Familienurlaub jedenfalls urlaubsreif und nahm das Angebot ihrer Freundin Mary dankend an, das lebhafte Kind eine Woche zu sich nach Inisheer zu nehmen.

Inisheer ist die kleinste der drei Aran-Inseln vor der Westküste Irlands. Sie hat einen mittelalterlichen Turm, ein altes Bethaus und eine Kirche, die einmal im Jahr aus dem Sand ausgegraben wird, damit man geschwind einen Gottesdienst abhalten kann, bevor sie wieder zugeweht wird. Für einen Fünfjährigen nicht unbedingt Sehenswürdigkeiten mit großer Anziehungskraft.

Kieran ahnte wohl schon, dass er in eine Art

Strafkolonie verschleppt werden sollte. Auf dem Flughafen von Carnmore bei Galway kam es zum ersten Eklat. »Das ist nicht meine Mutter«, erklärte er der Angestellten am Schalter, als Mary die Flugtickets kaufen wollte. »Ich will nicht auf diese Scheißinsel, aber die fremde Frau zwingt mich dazu.« Es kostete Mary viel Überzeugungskraft, bis die Angestellte einsah, dass es sich bei Kieran um das verlogenste Kleinkind Westirlands handelte.

Für den Piloten blieb der kurze Flug unvergesslich. Kieran versuchte gleich nach dem Start, ihn wieder zur Landung zu zwingen. Zum Glück war er unbewaffnet, wenn man von seinem Magen absieht, dessen Inhalt er dem Piloten in die Mütze kotzte. Auf der Insel dauerte es keine drei Stunden, da hatte er in der Cafeteria – dem einzigen Freizeit-Etablissement weit und breit – Hausverbot. Die Besitzerin fürchtete in Anbetracht von Kierans breitem Fluchwortschatz um Sitte und Anstand der Insel-Teenager.

Drei Tage später wollte man ihm noch mal eine Chance geben. Nachdem Kieran geschworen hatte, den Mund zu halten, durfte er auf Bewährung in die Cafeteria. Zwei Stunden ging alles gut, auch wenn er vor Untatendrang fast geplatzt wäre. Dann musste er auf die Toilette. Kurz darauf kam eine kreidebleiche Nonne in den Laden, bekreuzigte sich fortwährend und behauptete, ihr sei soeben der Teufel persönlich begegnet: Er habe nackt im Fenster des Männerklos gestanden und mit diabolischer Fistelstimme aus vollem Halse gebrüllt: »Scheiße, Pisse, Fuck!«

Den Rest der Woche bekam Kieran Stubenarrest verordnet, konnte aber schon in der ersten

Nacht aus dem Zimmer entkommen. Er schlich sich zum Telefon in der Küche, wählte den Notruf und tischte dem wachhabenden, aber schläfrigen Beamten eine solch unglaubliche Geschichte von Kindesentführung und Freiheitsberaubung auf, dass der sie prompt glaubte. Die Küstenwache traf im Morgengrauen mit heulenden Sirenen ein. Man hatte den Anruf zurückverfolgt. Mary bestach die Beamten mit einer Flasche Whiskey und schickte Kieran im Küstenwachboot zu den Eltern zurück. An der Pier und am Rollfeld von Inisheer hängen seitdem Fotos von dem Albtraumkind mit dem Vermerk: »Unter keinen Umständen landen lassen.«

Am schlimmsten sind die garstigen Kleinen, wenn sie sich aufgrund eines alten Brauches legitimiert fühlen, Unheil zu treiben. Was an Aprilscherzen lustig sein soll, ist mir bisher verborgen geblieben. Man wird doch ohnehin von den Kleinen veralbert, dazu benötigen sie diesen besonderen Tag nicht. Bei meinem Sohn Fionn hatte sich schon im Alter von fünf Jahren ein bissiger Humor entwickelt. Als er eines Morgens beobachtete, wie ich mir die – zugegeben etwas schütteren – Haare kämmte, bemerkte er trocken: »Mach dich doch nicht lächerlich.« Verständlich, dass ich am 1. April besonders auf der Hut bin.

Doch kann der Schuss nach hinten losgehen. Die eingeschlagene Autoscheibe hatte ich sofort als Aprilscherz entlarvt. Es war keiner. Vermutlich minderjährige Autoknacker – ein Marsriegel war entwendet worden – hatten zum dritten Mal innerhalb eines Monats das Seitenfenster eingeschlagen. Die Glaserei bot mir ein Abo an. Hatte der Glaser Kinder? Die harmlosen Zeiten, als man mit einem angeblichen Loch in der Hose hereingelegt wurde, sind jedenfalls vorbei.

Aprilscherze sind laut Tradition nur bis zwölf Uhr Mittags zulässig. Diese Zeit ist besonders gefährlich, laufen die Kids doch zum High Noon nochmal zur Höchstform auf. Aber auch danach ist man nicht sicher. Vor ein paar Jahren las ich im *Observer* einen Artikel über ein Beatles-Album, das 1977 in Los Angeles aufgenommen worden und jetzt auf den Markt gekommen sei. »Ist ja interessant«, dachte ich mir auf dem Weg zum Plattenladen. Erst beim mitleidsvollen Grinsen der Verkäuferin ging mir ein Licht auf. »Sie sind heute schon der Dritte«, tröstete sie mich. Immerhin gibt es in Dublin zwei weitere gutgläubige Menschen.

Durch Schaden wird man angeblich klug. Tatsächlich gelang es mir im folgenden Jahr, einen Beitrag im Radio-Morgenmagazin auf Anhieb als Ente zu identifizieren: Bei »Glenroe« sollten Nacktszenen eingeführt werden. Nun ist »Glenroe« die irisch-katholisch-ländliche Variante von »Dallas«: Das Frivolste, das gezeigt wurde, war ein Damenschlüpfer auf der Wäscheleine. Der inzwischen verstorbene Mick Lally, der in der Serie das Landei schlechthin spielte, erklärte im Interview scheinheilig, er werde dabei »auf überhaupt gar keinen Fall« mitmachen. Voller Schadenfreude lauschte ich der Flut von wütenden Anrufen, in denen die Einbehaltung der Fernsehgebühren angekündigt wurde, sollte auch nur eine Brustwarze gesendet werden.

Aprilscherze sind am wirksamsten, wenn sie auf die Ängste und Vorurteile der Opfer abzielen. In England muss man nur die Europäische Union erwähnen. Der *Guardian* behauptete einmal, in Brüssel würden Pläne geschmiedet, um die Zeit zu dezimalisieren: Hundert Sekunden pro Minute, hundert Minuten pro Stunde, zehn Stunden am Tag und zehn Monate im Jahr. Da die Engländer der EU ohnehin alle Schlechtigkeiten zutrauen, will sie ihnen doch Meile, Unze und Pint wegnehmen, löste die *Guardian*-Geschichte einen Sturm der Entrüstung aus. Ein Wissenschaftler wies nach, dass auf diese Weise über zwölf Tage im Jahr abhanden kämen und es irgendwann im Juli schneien würde.

Angeblich haben die Römer den unseligen Brauch der Aprilscherze in Europa verbreitet. Aber warum Irland? Bis hierher sind sie doch nie vorgedrungen. Aus dem Lateinischen stammt auch das harmlos klingende Wort »cricetus«. Das ist ein Hamster, und zu den eigenartigsten Hobbys mancher Kinder gehört das Hamstersammeln. Unser 14jähriger Nachbarsjunge hegt sieben der pausbäckigen Fellbeutel. Am Anfang stand ein Kompromiss: Daniel hatte sich zu seinem achten Geburtstag ein Rottweilerpärchen gewünscht, während die Eltern für einen Goldfisch plädierten. Man einigte sich schließlich auf einen Hamster, weil man mit ihm nicht Gassi gehen muss, er aber im Gegensatz zu einem Fisch den Jackenärmel hinaufkrabbeln kann.

Es blieb nicht bei dem einen Tier. Während andere Kids ihr Geld in Oasis-Platten steckten, investierte Daniel fortan in seine Hamsterkollektion. Von der Originalbesetzung ist längst keiner mehr dabei: Einer ging verloren, weil Daniel im Garten testen wollte, ob Hamster tatsächlich Röhrenbauten in der Erde anlegen, wie es im Lexikon hieß; ein anderer ist angeblich von unserer Katze verspeist worden; ein dritter erlitt im Laufrad einen Herzinfarkt. Die übrigen starben eines natürlichen Todes. Daniel sorgte jedesmal für Ersatz.

Wenn er es bloß dabei bewenden ließe. Doch er schleppt seine Tiere regelmäßig zum Goldhamsterball, wo der schönste Nager prämiert wird. Diese Hamstershows muss man gesehen haben: lange Tische mit endlosen Reihen kleiner Holzschachteln, in denen – für das ungeübte Auge – völlig identische Fellknäuel liegen. Hamsterfreunde können die Viecher angeblich unterscheiden. Es gibt sogar Punktrichter, die Größe, Farbe, Fellbeschaffenheit, Verhalten und Festigkeit des Körpers bewerten. Früher sei das einfacher gewesen, meinte Daniel: An den Jugendbezirksmeisterschaften nahmen fast ausschließlich Kinder teil, bei der Punktwertung ging es großzügig zu, und am Ende hatten alle irgendeinen Preis gewonnen. Bei den Erwachsenen seien die Regeln strenger, und die Sache werde viel ernster genommen. Warum es bei den Kategorien der Wettkampfhamster nach dem Alter der Besitzer geht, erscheint mir rätselhaft. Beim Pferderennen starten die dreijährigen Gäule ja auch gegeneinander, ob der Jockey nun 19 oder 90 ist.

Jedenfalls lag der Hamster, den Daniel ins Punktrennen schicken wollte, in einer dieser Holzschachteln und döste vor sich hin. Daniel versuchte, ihn für ein Stück Gurke zu interessieren, weil er intelligenter aussehe, wenn er nicht schlafe. Hamster können sich mehr als ein Fünftel ihres Körpergewichts an Futter in die Backentaschen schieben, lerne ich. Wenn das auch mit

Bier funktionierte, würde ich die Tierchen echt beneiden.

Dann kam der Punktrichter. Er piekte Daniels Hamster mit dem Finger in die Seite, zog das Tier ein wenig in die Länge und trug irgendwas in seine Liste ein. Offenbar muss der Idealhamster elastisch sein. Zum Schluss griff er dem ahnungslosen Nager unter den Bauch und wendete ihn wie einen Pfannkuchen, um zu sehen, ob die Fußnägel ordentlich manikürt waren. Der Hamster zappelte wie ein Maikäfer. Einen Preis gewann er für diese Vorstellung aber nicht. »Scheiße«, murmelte Daniel und steckte das verwirrte Tier in die Manteltasche. Er hätte damals doch auf dem Rottweiler bestehen sollen, meinte er: Wenn der Punktrichter dem mit einem Finger in die Seite gepiekt hätte, wäre der Arm ab gewesen.

Andere Kinder benutzen Tiere, um ihren Forscherdrang zu befriedigen. Jedes Jahr nehmen Hunderte von ihnen am Wettbewerb junger Wissenschaftler teil. Sie opfern Ferien und Freizeit, um zum Beispiel die Wirkung von Antikaries-Mundspülungen auf Schweinezähne oder die Sprungkraft indischer Stabinsekten zu erforschen. »Jeder kennt die Geschichte vom Rattenfänger von Hameln«, meinte die 15jährige Mary Cannon aus Dublin. »In jeder Geschichte steckt ein Fünkchen Wahrheit.« Also baute Mary einen Irrgarten, setzte ein paar Mäuse hinein und spielte ihnen verschiedene Musikstilrichtungen vor. Rock schien die Mäuse nicht weiter zu interessieren, doch bei Country-Musik waren sie so fix und fertig, dass sie den Ausgang nicht mehr fanden. Am schnellsten flitzten sie aus dem Irrgarten, als Mary traditionelle irische Musik auflegte.

Spricht das nun für diese Musik, oder haben sich die Tiere instinktiv in Sicherheit bringen wollen? Ein interessantes Phänomen wäre vermutlich zu beobachten gewesen, hätte man die Nager mit der Kelly Family beschallt: Kollektivselbstmord. Doch dazu später.

Im Gegensatz zu Mäusen müssen Lehrer hart im Nehmen sein, was Lärm betrifft. Und sie müssen stets über das neueste Spielzeug informiert sein, wollen sie sich nicht blamieren. Die Mode wechselt häufig. Neulich kam das Nachbarsmädchen völlig verstört nach Hause: Die Lehrerin, eine Aushilfskraft, die offenbar direkt von der Nonnenuniversität gekommen war, hatte ihr die Leviten gelesen und ihr eine Strafarbeit aufgebrummt. Völlig zu Unrecht, beteuerte die Neunjährige: Die Lehrerin hatte noch nie etwas von Furbys gehört. Das sind kleine, plüschige Puppen, die auf laute Geräusche reagieren und alles wiederholen, was gesagt wird. Sie schlafen erst wieder ein, wenn minutenlang Ruhe im Saal herrscht.

Im Klassenzimmer herrschte jedoch keine Ruhe, und die Lehrerin brüllte: »Jetzt seid endlich still!« Dadurch wachte das Furby auf und echote mit schnarrender Stimme: »Jetzt seid endlich still!« Die aufgebrachte Lehrkraft wollte wissen, wer sie nachgeäfft hatte, und aus der hinteren Reihe quiekte es postwendend: »Wer hat mich nachgeäfft?« Damit war das Nachbarsmädchen fällig, denn die Stimme kam aus ihrer Richtung. Erklärungen waren nicht möglich, aber das Problem erledigte sich von selbst: Die Aushilfe meldete sich am nächsten Tag krank, zur Strecke gebracht von einem Furby.

Kein Wunder, das mancher Lehrer ausrastet, wenn er den Kindern das Einmaleins beibringen will. Ein Lehrer an einer Dubliner Oberschule fluchte jedoch eine Viertelstunde lang vor versammelter Klasse wie ein Bierkutscher, so dass die entsetzten Schüler den Fall meldeten. Der Lehrer musste vor die Aufsichtsbehörde. Er erklärte seinen verbalen Ausrutscher damit, dass er sich gerade das Rauchen abgewöhnt und deshalb die Nerven verloren habe.

Die Schüler konnten von Glück sagen, dass sie nicht an seinen Kollegen, einen Spanischlehrer, geraten waren. Der hatte seine eigenen Unterrichtsmethoden. Ein Schüler, der seine Hausaufgaben vergessen hatte, wurde einer besonderen Prüfung unterzogen. Für jede falsche Vokabel gab es eine Strafe. Beim ersten Mal musste er auf einem Bein stehen, beim zweiten Mal Liegestütz machen. Nach dem dritten falschen Wort musste er sich die Schuhe ausziehen und über Reißnägel laufen. Beim vierten Fehler zwang ihn der Pädagoge, das Hemd auszuziehen und sich mit nacktem Oberkörper auf die Reißzwecken zu legen. Dann durfte er sich wieder anziehen, doch bei der fünften falschen Antwort schüttete Hawkins ihm Eiswürfel ins Hemd.

Die Karriere des 40jährigen nahm ein jähes Ende, als er kurz darauf verhaftet wurde. Sein Anwalt meinte: »Ich nehme an, dass Menschen, die viel Zeit mit Kindern verbringen, wohl irgendwann selbst anfangen, wie Kinder zu denken.« Oder wie Furbys.

Sprechendes Spielzeug gehört ohnehin verboten. Das Plappern der Kinder reicht völlig aus. Claire hatte eine neue Puppe zum Geburtstag bekommen. Amazing Amy, die erstaunliche Amy, ist das »erste praktisch echte kleine Mädchen«, behauptet die Herstellerfirma Playmates Toys. In Wirklichkeit ist es ein Ungetüm, das seine Umgebung herumkommandiert.

»Erst wollte Amy Milch, dann Saft«, sagte Claires Mutter Anne, die die Großmutter spielen musste, solange Claire in der Schule war. »Ich gab ihr Wasser, woraufhin sie mich anherrschte: Sie wolle kein Wasser, sondern Saft.« Ignorieren war zwecklos, weil Amy dann ihre Anweisungen mit immer lauterem Stimmchen wiederholte. Man könnte sie ertränken, sinnierte Anne, aber dann wären die 180 Mark futsch, die das Kasernenhofgirl gekostet hatte.

Sensoren melden der Puppe, was mit ihr geschieht, vorausgesetzt, man benutzt das mitgelieferte Zubehör – zum Beispiel Thermometer und Medizin. Amy steckt noch in den Windeln, kann aber bereits 15.000 Sätze sagen, unter anderem: »Igitt! Meine Nase sagt mir, dass meine Windel gewechselt werden muss.« Die herrische Puppe bestimmt auch, wann mit ihr gespielt werden darf. Abends ist sie müde und verweigert jedes Gespräch: »Ich bin schläfrig« ist alles, was ihr dann zu entlocken ist. Dafür ist sie morgens um sieben putzmunter und plärrt nach ihrem Frühstück. Die Nacht ist vorbei, Wochenende eingeschlossen.

Anne hatte schon nach einem Tag die Nase voll von der geschwätzigen Juniorin. »Sie ist wie ein verzogenes Kleinkind«, stöhnte die unfreiwillige Oma. »Sie nörgelt so lange, bis sie bekommt, was sie will. Sie sagt weder bitte noch danke. Claire hat bereits einige Verhaltensmuster übernommen. Wenn das so weitergeht, setze ich beide im Wald aus.«

Auf den Rücken der garstigen Puppe ist eine Notrufnummer aufgedruckt, bei der man sich einen Termin für eine Familientherapie geben lassen kann. Außerdem kann man erfragen, wie man die Kleine zum Schweigen bringt – der Ausschaltknopf ist nämlich versteckt. Amy ist eine US-amerikanische Erfindung. Dort sind 300.000 Exemplare über den Ladentisch gegangen. Die Zukunft der Psychotherapeuten in den USA ist gesichert.

Die blond gelockte Plastik-Terroristin wäre gut dazu geeignet, Teenagerinnen vor den Folgen einer Schwangerschaft anschaulich zu warnen. Eine einfachere Puppenversion ist dafür tatsächlich mal eingesetzt worden. Wer weiß, vielleicht gibt es Amy demnächst auf Krankenschein. Langfristig ist es wohl das billigste Verhütungsmittel: Wer eine solch anspruchsvolle Puppe hat, ist zu beschäftigt, um Leute kennenzulernen.

Früher hatten es die Irinnen mit der Verhütung ungleich schwerer. Sie mussten ein Wiesel bei lebendigem Leib kastrieren und die Hoden in einem Beutel aus der Haut eines Enterichs um den Hals tragen, damit sie vor einer Schwangerschaft geschützt waren. Dieser Ratschlag stammt aus irischen Manuskripten aus dem Mittelalter. Das ist offenbar in Vergessenheit geraten, Irland hat die höchste Geburtenrate der Europäischen Union. Das ist erstaunlich, denn wenn man einer Untersuchung glauben kann, duften auf der Insel die Teppiche besser als die Menschen. Wer möchte aber andererseits mit einem Teppich ins Bett gehen, selbst wenn er gut riecht? Jedenfalls benutzen die Irinnen und Iren mehr Teppich-Shampoo als Deodorant. Noch in den fünfziger Jahren hatte Irland die niedrigste Heiratsquote der westlichen Welt, und man hatte Angst, dass die Iren aussterben könnten. Deshalb verlangte die katholische Zeitschrift *Ave Maria* damals, dass »alle irischen Junggesellen in ländlichen Gebieten in Gewahrsam genommen und ins Gefängnis gesperrt werden sollten, bis sie versprechen, sich innerhalb von sechs Monaten eine Frau zu suchen«.

Damals gab es eben noch keine »Lovegetys«. Diese japanische Erfindung, eine Art Tamagotchi für Erwachsene, soll Iren und Irinnen zusammenbringen. Es gibt den Lovegety in zwei Farben: rosa für die Frau, hellblau für den Mann. Dem eiförmigen Gerät wird die gegenwärtige Stimmung seines Besitzers oder seiner Besitzerin einprogrammiert. Lust auf eine anregende Unterhaltung, aufs Kino zu zweit, auf ein Bierchen, eine Partie Schach oder auf mehr? Man kann dem Lovegety die Partnersuche überlassen, wenn man ihm seine geheimsten Wünsche anvertraut hat. Sie bleiben freilich nicht lange geheim: Kommt nämlich ein ebenso programmierter Lovegety in einem Radius von viereinhalb Metern vorbei, fangen beide Dinger an zu piepsen. Die potentiellen Partner können sich dann aus sicherer Entfernung beäugen und, wenn sie wollen, ihrem quiekenden Kontaktanbahner grünes Licht geben: Drückt man auf den Zustimmungsknopf, leuchtet bei dem anderen Piepser eine grüne Lampe auf. Damit ist die Aufgabe des Lovegety beendet, den Rest muss man selber tun.

Die Partnersucheier funktionieren nur heterosexuell. Libido-Melder der gleichen Farbe reagieren nicht aufeinander, selbst wenn beide auf eine harmlose Runde »Mensch-ärgere-dich-nicht« gepolt sind. Das dürfte die katholische Kirche etwas besänftigen. Wie zu erfahren war, drängt sie auf eine Sonderanfertigung: Stellt man den Lovegety auf sexuelles Begehren ein, reagiert er nur auf das Pendant des Ehepartners. Die Bischöfe sollen auch beim Gesetzgeber vorstellig geworden sein: Bei Unverheirateten soll das Drücken des Zustimmungsknopfes ein rechtlich bindendes Ehegelöbnis sowie eine Verzichtserklärung auf jedwede Verhütungsmittel einschließen.

Das würde zu noch mehr Kindern führen. Als ob es davon nicht schon genug gäbe. Was aus ihnen wird, steht übrigens schon bei der Namensgebung fest, haben Wissenschaftler festgestellt. Bei einer Umfrage unter 255 Studenten stellte sich heraus, dass Sophie, Elizabeth, Emily, Lucy und Rose als weiblichste Namen gelten. Frauen mit diesen Namen haben angeblich auch eine »weiblichere Persönlichkeit« als andere Frauen. Eltern, die solche Namen wählen, würden ihren Töchtern später auch rosa Rüschenkleider anziehen. Für Männer gilt das Gleiche, bloß umgekehrt. Das wusste der legendäre Western-Held John Wayne allerdings auch ohne wissenschaftlichen Beistand: Seine Eltern hatten ihn »Marion« getauft. Noch schlechter kamen die Kinder des selbsternannten Weltverbesserers und ehemaligen Edelpunks Bob Geldof und seiner inzwischen verstorbenen Frau Paula Yates weg: Fiffi Trixibelle, Peaches Honeyblossom und Little Fluffy Cloud müssen nicht nur ihre Namen ertragen, sondern auch die grottige Musik ihres Vaters.

In dem Punkt bin ich mir sogar mit meiner Tochter einig, die meinen Musikgeschmack sonst eher unter geriatrischen Gesichtspunkten toleriert. Einmal bin ich zu weit gegangen, als ich sie hereinlegen wollte. »Freunde aus Berlin haben ein Video von einem rattengeilen Weihnachtskonzert einer irischen Band geschickt«, hatte ich behauptet. Tochter Ciara und drei ihrer Klassenkameradinnen, damals alle um die 15 Jahre alt, zeigten vorsichtiges Interesse, doch das schlug schnell in blankes Entsetzen um. Meine Tochter distanzierte sich öffentlich von mir, als das Video anlief.

Es waren nämlich gewiss keine Freunde, die das Video geschickt hatten, und es war auch keine irische Band, die auftrat – sondern die Kelly Family, jene musikalisch-terroristische Großfamilie aus den USA, die sich gern als Iren verkleidet. Die Shamrock-Transvestiten hatten damals gerade ihr Kölner Hausboot verkauft und sich für drei Millionen Euro einen Landsitz bei Cobh im Süden Irlands zugelegt. »Endlich sind wir wieder zu Hause«, freute sich Kathy mit breitem Ami-Akzent, »hundert Jahre nachdem unser Urgroßvater mit einer Geige unter dem Arm ausgewandert ist.« Ach, wäre es doch nur ein Satz Golfschläger gewesen, dann würden seine Nachfahren jetzt vielleicht geräuschloser über die Grüne Insel herfallen.

Statt dessen singen die gemeinen Geschwister aber. Schon beim ersten Lied hüpfte Jimmy Kelly auf der Bühne herum, als habe er den Rinderwahnsinn. »Du meine Güte, er zittert wie mein Wellensittich, bevor er tot von der Stange fiel«, sorgte sich Maeve. »Der Songtext beweist aber, dass dein Sittich mehr Grips hatte«, entgegnete Aoilean. »Warum tragen die eigentlich alle Pyjamas auf der Bühne?« fragte Ciara. »Die dicke Maite sieht darin wie eine Wurst aus.« Eine Gummiwurst – der irische Tanz, den sie aufs Parkett legte, ging voll daneben. Maite hüpfte ständig von einem Bein aufs andere, was sie wahrscheinlich vor einem Kneipenklo nach der Sperrstunde beobachtet und irrtümlich für einen Volkstanz gehalten hatte. »Herrje, wie peinlich, dass sie sich ausgerechnet als Iren ausgeben«, sagte Julie. »Ich glaube, ich muss kotzen.«

Im nächsten Moment wurde mir schlecht: Joe Cocker, bis dahin einer meiner Lieblingssänger, trat gemeinsam mit den Kellys auf. Wie tief muss der Mann in Geldnot stecken. Paddy Kelly machte dazu ein Gesicht, als habe er vergessen, seine Abführtabletten zu nehmen, und seine Schwester »quietscht wie meine Margaret-Thatcher-Gummipuppe, wenn mein Hund hineinbeißt«, stellte Maeve fest. Angelo sang »I can't help myself«, und man glaubte ihm das aufs Wort. Der nächste Song fasste die Stimmung in unserem Wohnzimmer recht gut zusammen: »I am going crazy.« Als sie dann auch noch »White Christmas« verhunzten, war der Ofen aus. »Sie grölen das Lied, als ob sie im Fußballstadion wären«, stöhnte Maeve. »Komm, jetzt reicht es. Schalt um auf MTV!«

Dann nahm der Abend doch noch ein versöhnliches Ende: Kaum hatten wir umgeschaltet, da berichtete der Moderator, dass der Landsitz der Kellys in Cobh soeben vollständig abgebrannt sei – drei Millionen in Rauch aufgegangen. Die Girls wälzten sich vor Vergnügen auf dem Boden. »Schade um die schönen Pyjamas«, kicherte Ciara. »Jetzt müssen die Kellys wieder aufs Hausboot. Am besten auf dem Amazonas.«

MTV ist für junge Menschen allemal sittsamer als ein Kinobesuch, wie ich feststellen musste. Áine, John und Anne hatten Karten für die letzte Reihe besorgt. Dort sitzen, seit James Joyce 1904 das erste Filmtheater in Dublin eröffnete, normalerweise junge, unverheiratete Pärchen, die in Ermangelung eigenen Wohnraums ins Kino müssen, um im Dunkeln allein zu sein. Dabei ist es ihnen völlig wurscht, welcher Film gerade läuft. Das wurde immer stillschweigend geduldet, zumal es unbequem und daher ungefährlich war, doch im Cineworld-Kino wird das heimliche Schmusen geradezu gefördert. In der letzten Reihe fehlt jede zweite Armlehne, so dass sich die Teenager in Doppelkojen lümmeln können.

Das taten sie dann auch. Da ich knapp über das Kinoschmusealter hinaus bin und außerdem über eigenen Wohnraum verfüge, teilte ich mir mit John einen Doppelsitzer, während neben uns ein minderjähriges Paar saß und sich durch die Nähe von uns Erwachsenen keineswegs bremsen ließ. Kaum war das Licht aus, da fiel der Knabe über das Mädel her, so dass die gesamte Stuhlreihe ruckelte. Es war, als ob auf der Leinwand ein Wackelbild aus den Kindertagen des Kintopps lief. Dabei raunzten sich die beiden Nettigkeiten ins Ohr, die ich wegen des Super-Dolby-verstärkten Films aber nicht verstehen konnte.

In seinem »Irischen Tagebuch« hatte sich Kettenraucher Heinrich Böll 1957 noch gefreut: »Hier – welch eine Wohltat – darf man im Kino rauchen.« Das ist längst verboten, und Böll würde sich im Grabe umdrehen, wenn er wüsste, was heutzutage in irischen Kinos geschieht. Vermutlich sind die Aktivitäten in der letzten Reihe der Hauptgrund dafür, dass die Iren die fleißigsten Kinobesucher Europas sind. Schließlich ist ein Drittel der Bevölkerung unter 25 Jahren alt — und ohne eigene Wohnung.

Unsere Nachbarn waren höchstens 16. Während auf der Leinwand eine heftige Liebesszene lief, spielte sich neben uns die Live-Variante ab. Der junge Mann hatte sich längst ausgestreckt, so dass seine Beine quer über meinen Knien lagen. Die Sitze wackelten immer bedenklicher. Endlich musste das Mädchen auf die Toilette. Eine Gelegenheit, einen Augenblick ruhige Bilder zu betrachten? Weit gefehlt. Der Knabe nutzte die vorübergehende Abwesenheit seiner Freundin, um das Liebesnest mit Jacken und Pullovern auszubauen. Das hätte mich nicht weiter gestört, hätte er dazu nicht auch meinen Mantel verwendet. Wenigstens freute sich die Freundin über die Umgestaltung des Sitzes, der jetzt wie ein regelrechtes Bett aussah. Dass der Film zu Ende war, merkten die beiden erst, als ich sie um Herausgabe meines Mantels bat. Nie wieder letzte Reihe. Dann lieber den Rasiersitz ganz vorne.

Die aus dem Maul nach Fisch stinken

Tiere sind genauso für Katastrophen gut wie Kinder. Meistens sind sie aber selbst die Opfer. Gänse zum Beispiel. Die isst man zu Weihnachten. Oder im Notfall. Bei Anthony handelte es sich eindeutig um einen Notfall. Und das kam so: Jeannette und Martin wohnen in einem Haus auf einem Wassergrundstück an der Liffey in einem Vorort Dublins, wo der Fluss noch sauber ist. Martin, ein pensionierter Mathematikprofessor, begann sogleich mit der Kleintierzucht, schließlich will man als frischgebackenes Landei auch frische Eier zum Frühstück. Doch weil er von Zahlen mehr versteht als von Viehzeug, waren seine Sicherheitsvorkehrungen unzureichend: Ein Fuchs dezimierte Nacht für Nacht die Hühnerherde und kam sich vermutlich vor wie in der Lebensmittelabteilung von Harrods. Jedenfalls war bald nur noch ein zerzaustes Federvieh übrig, und Martin beschloss, eine etwas robustere Tierart anzuschaffen: Gänse.

Anthony und Louise, so hieß das Gänsepaar, machten sich prächtig, stolzierten durch den Garten, schwammen manchmal in der Liffey und waren ziemlich zutraulich. Dann kam der Tag, an dem Louise acht Eier legte, und fortan war der Ganter wie verwandelt. Aus dem anschmiegsamen Anthony wurde eine richtige Bestie. Er stürzte sich auf alles, was sich bewegte. Wenn Martin in den Garten wollte, schickte er zuerst den Hund Ben vor, um die rabiate Gans abzulenken. Der arme Hund entwickelte eine schwere Neurose: Jedesmal wenn die Gartentür geöffnet wurde, verkroch er sich unter das Sofa.

Einmal passte Martin nicht auf, Anthony schnitt ihm zu Bens deutlichem Vergnügen den Rückweg ins Haus ab. Martin schlug ein paar Haken und konnte gerade noch, mit ein paar Bisswunden in den Waden, die Verandatür hinter sich zuziehen, während Grobian Gans den Putz aus dem Türrahmen hackte. Der Handwerker, der den Schaden tags darauf reparieren sollte, machte sich gleich wieder aus dem Staub: Das Terrortier lauerte auf der Kühlerhaube und ließ ihn gar nicht erst aus seinem Wagen aussteigen.

Dann ging Anthony zu weit. Schon von weitem hatte er das Postauto gehört und war ihm wutentbrannt entgegengestürmt. Ausgerechnet in der Einfahrt fiel er über den Wagen her, aber so ungeschickt, dass er mit dem Hals zwischen Auto und Betonpfeiler geriet: Genickbruch. Der Briefträger schaute recht verdutzt, als Martin sich bei ihm herzlich bedankte. Auch Jeannettes Trauerphase währte nur kurz. Martin hatte zunächst befürchtet, dass sie den Gänserich pietätvoll begraben wollte, doch statt dessen sinnierte sie: »Der Körper ist völlig intakt, ob dazu wohl eine Portweinsauce passen würde?« Der Briefträger wurde auch zum Essen eingeladen. Aber selbst im Tod war Anthony noch gehässig: Er war zäh wie ein Suppenhuhn. Die Gantervorbesitzerin hatte über sein Alter gelogen.

Gänse als Haustiere sind allerdings in Irland selten, die meisten Iren halten Hunde und Katzen. Letztere streunen gerne herum und richten so manches Unheil an. Eine davon hüpfte auf drei Beinen vor unserem Haus herum, offenbar war eine Vorderpfote gebrochen. Áine, die Gattin, wollte sie einfangen und zum Tierarzt bringen. Sie warf ihr ein Weile Kittekotz hin, um sie in Sicherheit zu wiegen. Dann stellte sie das Futter in einen Katzenkäfig, den der Tierarzt für solche Fälle parat hält. Damit nahm das Verhängnis seinen Lauf.

Zunächst kooperierte das scheue Katzentier und kletterte in den Käfig. Áine schlug geschwind die Plastikklappe zu. Doch mit einem Tritt, den man ihr keinesfalls zugetraut hätte, stieß die ausgemergelte Katze die Tür wieder auf und sprang heraus. Áine bekam sie gerade noch am Bauch zu fassen – vermutlich die ungünstigste Stelle, um eine Katze zu packen, denn nun zückte sie die Krallen ihrer drei noch verbliebenen Pfoten sowie sämtliche Zähne und wehrte sich aus Leibeskräften. Áine, im Schockzustand, vergaß, das Tier loszulassen, bis es zu spät war. Sie sah aus, als hätte sie einen Schwarm Piranhas beidhändig gestreichelt.

Die Ärztin, die eine Antitetanusspritze verabreichte, zog ihren Mann zu Rate, einen Pathologen, was dem Vertrauensverhältnis zwischen Ärztin und Patientin nicht eben förderlich war. Gemeinsam staunte das Mediziner-Ehepaar über den Schaden, den das dreibeinige Ungeheuer angerichtet hatte. So etwas hatten sie noch nie gesehen, vielleicht würde Áine sogar zur Fußnote in der Medizingeschichte. Da müsse ein Antibiotikum her, die Hände seien voller Kokken, und zwar allerlei interessanter Sorten. Am besten solle sie gleich zwei Antibiotika nehmen, um auf Nummer Sicher zu gehen.

Vier Tage später war die Hand so groß wie ein Tennisball. Wenn man Áine auf die Schulter drückte, spritzte der Eiter am Zeigefinger heraus, was für viele Stunden der Unterhaltung sorgte. Die Antibiotika hatten gründlich versagt. Die Ärztin war entzückt, witterte sie doch eine exotische Art von Kokken, die möglicherweise nach ihr benannt würde. Noch entzückter war sie, als sie Áines Scheckbuch sah. »Sie werden es brauchen«, meinte sie, »in der Apotheke.«

Jede Tablette kostete fünf Euro – zwei Stück täglich, zwei Wochen lang. Freilich half auch das Luxus-Antibiotikum nichts. So musste sie täglich ins Krankenhaus, wo ihr der Chefarzt professionell auf die Schulter drückt, um den Eiter spritzen zu sehen. Nach Wochen war das Schauspiel fast vorbei, die Bakterien so gut wie beseitigt, jedoch auch die nützlichen körpereigenen, so dass Áine von Kopf bis Fuß mit Ausschlag übersät war. Auch dafür gab es Tabletten, 20 Euro pro Stück.

Die dreibeinige Katze ließ sich weiterhin ab und zu blicken und bat um Kittekotz. Die Arztrechnungen und die Kosten für Áines Medizin hätten ausgereicht, um das Untier mit Räucherlachs zu füttern bis an sein Lebensende. Das kam dann schneller als erwartet. Doch der Reihe nach: Unser elektrischer Wäschetrockner steht aus Platzmangel im Schuppen hinter dem Haus. Solche Trockner sind in Irland unerlässlich, wenn man nicht in feuchter Kleidung herumlaufen möchte. Eines Tages fiel uns auf, dass die Wäsche nach dem Trocknen muffig roch. Nach erneuter Wäsche samt Trocknen war es noch schlimmer: Hemden und Hosen stanken, als ob sie geradewegs aus einer Grabkammer geborgen worden waren. In meiner Stammkneipe bezeichnete man mich schon als »Grufti«, und das hatte gar nichts mit meinem Alter zu tun.

Schließlich war der Schuppen nicht mehr betretbar, beim Öffnen der Tür schlug einem Verwesungsgeruch entgegen. Mit parfümgetränkten, bis zum Kinn heruntergezogenen Pudelmützen gingen wir der Sache auf den Grund: Die dreibeinige Katze hatte sich hinter allerlei Gerümpel in die Ecke des Schuppens gezwängt und war verreckt – genau vor dem Luftansaugstutzen des Wäschetrockners. Warum hatte sie sich ausgerechnet unseren Schuppen dazu ausgesucht, hatte sie nicht schon genug Unheil angerichtet?

Mehrere Versuche, die Katzenleiche mit einer Schaufel aus der Ecke herauszuholen, schlugen fehl, zumal man ständig zum Luftholen ins Freie musste. Schließlich besorgte ich im Haushaltswarengeschäft um die Ecke eine Messing-Kohlenzange für 20 Euro. Damit griff Áine die Katze am Schwanz und bugsierte sie in einen schwarzen Müllsack. Ich brachte unterdessen die Messing-Kohlenzange wieder zum Geschäft und erhielt das Geld zurück, auch wenn der Verkäufer meine Erklärung für unwahrscheinlich hielt: Ich hätte vergessen, dass wir gar keinen Ofen oder Kamin haben, wollte ich ihm weismachen. Als ich zurückkam, hatte Áine den Müllsack sorgfältig verschnürt.

Der Tierarzt hatte versprochen, den Kadaver zu beseitigen. Und wenn ich schon mal unterwegs war, sollte ich gleich die muffigen Klamotten beim Oxfam-Laden, einem Geschäft für wohltätige Zwecke, abgeben. Der Tierarzt bedankte sich genauso überschwänglich wie sarkastisch für die Katzenleiche, während der Dank im Oxfam-Laden von Herzen kam. Áine hatte inzwischen den Schuppen desinfiziert und mit einem Fläschchen Sandelholzparfüm besprüht. Da klingelte das Telefon. Es war der Tierarzt. Warum ich ihm einen Sack alter Kleider gebracht hätte, wollte er wissen. Beim Oxfam-Laden kann ich mich bis auf weiteres nicht mehr blicken lassen.

Manchmal sterben irische Katzen allerdings keines natürlichen Todes, obwohl sie neun Leben haben – zwei mehr als in Deutschland. Mitunter reicht aber auch das nicht aus. Als Brendan aus Galway im Westen Irlands nach einer Runde Golf nach Hause fuhr, lief ihm eine Katze vor das Auto. Da Brendan ziemlich zügig gefahren war, konnte er nicht mehr bremsen und überrollte die Mieze. Ein paar Kilometer weiter bekam er Gewissensbisse. Brendan ist nämlich Arzt, wenn auch eigentlich eher für Menschen zuständig. Wenn die Katze nun gar nicht tot war, sondern schwer verletzt überlebt hatte? Besser, man machte ihr vollends den Garaus, damit sie sich nicht lange quälen musste.

Also fuhr er wieder zurück – und tatsächlich: Das Tier hatte sich zum Sterben auf eine Mauer am Straßenrand geschleppt, die Augen waren geschlossen. Brendan nahm seinen schwersten

Golfschläger aus dem Kofferraum und briet ihn der Katze über den Schädel. Ein paar Zuckungen, und sie war tot. Eine Frau vor dem strohgedeckten Cottage gegenüber hielt ihn offenbar für einen Katzenhasser, weil sie die Vorgeschichte nicht mitbekommen hatte, und warf Steine nach ihm. Lange Erklärungen erschienen Brendan ziemlich sinnlos. Er sprang in seinen Wagen und machte sich aus dem Staub.

Nach einer Viertelstunde war die Fahrt zu Ende: Eine Polizeistreife stoppte ihn. Ob er öfter in der Gegend herumfahre und Katzen erschlage, wollte der Beamte wissen. Die Frau hatte auf dem Revier angerufen. Brendan erklärte ihm den Grund für die nur bei oberflächlicher Betrachtung barbarische Tat, die in Wirklichkeit dem Wohle der Katze diente. Er solle sich doch mal den Kühlergrill seines Wagens ansehen, riet ihm der Polizist. Dort hing, wie Jesus am Kreuz, der gestreifte Kater, den Brendan überfahren hatte. Die Katze am Straßenrand hatte nichtsahnend in der Sonne gedöst, als der Golfschläger sie traf. Kein Wunder, dass die Frau, der das Tier gehörte, mit Steinen nach dem Katzenkiller geworfen hatte.

Weil die Iren vermutlich die schlechtesten Autofahrer Westeuropas sind, geraten Katzen erstaunlich oft unter die Räder. Als das erste irische Einkaufszentrum in Cornelscourt bei Dublin in den Sechzigerjahren kurz vor Weihnachten aufmachte, stürzte sich unsere Bekannte Carmel als Erste ins Gedrängel, um Präsente sowie Nahrungsmittel für eine Kompanie einzukaufen. Man konnte ja nie wissen, wer über die Feiertage vorbeischauen würde.

Sie hatte ihren Einkaufswagen randvoll mit braunen Papiertüten – es war noch vor der Erfindung von Plastiktüten – gepackt. Während sie den Kofferraum belud, sah sie eine Frau, die unschlüssig auf und ab ging und eine braune Papiertüte anvisierte, die auf der Kühlerhaube eines anderen Autos stand. Offenbar hatte jemand seine Einkäufe vergessen. Im nächsten Moment griff sich die Frau die Tüte und ging mit zügigen Schritten zu ihrem eigenen Auto. »Das nenne ich Weihnachtsgeist«, dachte Carmel. »Da klaut sie irgendeiner armen Person die volle Einkaufstüte.«

Als Carmel endlich mit dem Verpacken ihrer Einkäufe fertig war, fuhr ein Krankenwagen vor. Die Sanitäter sprangen heraus und liefen zum Auto der Tütendiebin, die offenbar in Ohnmacht gefallen war, bevor sie das Weite suchen konnte. Passanten hatten Hilfe geholt. »Geschieht ihr recht«, fand Carmel. Die Sanitäter schoben die Frau in den Krankenwagen, als einer von ihnen die braune Tüte neben dem Auto liegen sah. Er hob sie auf und legte sie zur Ohnmächtigen auf die Tragbahre.

Zwei Tage später sprach Carmel auf der Arbeit mit einer Kollegin. Der war etwas Merkwürdiges passiert. Sie habe auf dem Weg zum Einkaufen eine Katze überfahren. So klopfte sie an den umliegenden Häusern, um den Besitzer zu ermitteln. Eine ältere Dame bestätigte schließlich, dass es sich um ihre Katze handelte, bat die Kollegin jedoch, sie zu entsorgen, weil die Enkelkinder das tote Tier nicht sehen sollten. Die Kollegin ließ sich eine braune Papiertüte geben. Als sie beim Einkaufszentrum angekommen war, stellte sie die Tüte vorübergehend auf der Kühlerhaube ab, damit sich der Geruch der toten Katze nicht im Auto ausbreiten konnte. »Stell dir vor«, sagte sie, »als ich mit meinen Einkäufen zurückkam, war die Katze samt Tüte verschwunden.«

Die Iren mögen ihre Katzen, auch wenn sie sie manchmal überfahren. In größeren Buchläden findet man mühelos über 200 Bücher zum Thema Katzen, darunter solch furchtbarer Unfug wie »Cats In The News«. Darin schreibt der Journalist Martyn Lewis über seine »seidige Siamesin« Yang: »Sie führt lange und detaillierte Gespräche mit meiner Mutter, gibt ihr gute Ratschläge und erzählt ihr Geschichten über ihre nächtlichen Abenteuer.« Kann man diesen Menschen noch ernst nehmen, wenn er über Ausbildungsplätze für Jugendliche schreibt? Und Francis Wheen, ebenfalls ein Journalist, bejammerte vor ein paar Jahren öffentlich die Tatsache, dass am Sternenhimmel zwar alle möglichen tierischen Konstellationen versammelt seien, doch eine Katze sei nicht darunter. Bloß ein Löwe.

Andere Schreiber sind inzwischen auf den lukrativen Katzen-Zug aufgesprungen. Es gibt Bücher über Katzennamen und ihre Herkunft, Lehrbücher, um Katzen Lesen oder Französisch beizubringen (»mit Buchstütze und Futternapf«), sowie Katzen-Kochbücher. Dabei geht es aber nicht darum, die Mäusefresser möglichst schmackhaft zuzubereiten, sondern um ihnen »85 von Tierärzten empfohlene Mahlzeiten« appetitlich darreichen zu können.

Die *Guardian*-Journalistin Judy Rumbold fragte einmal völlig zu Recht: »Sind Katzen nicht diese Viecher, die aus dem Maul nach Fisch stinken und sich ungeniert vor der Verwandtschaft die Genitalien lecken?«

Noch beliebter als Katzen sind Hunde: In Irland gibt es mehr Hunde als in jedem anderen Land der Europäischen Union, wenn man es auf die Bevölkerungszahl umrechnet. Als Irland einen Wirtschaftsboom erlebte, der allerdings 2008 wieder vorbei war, profitierten auch die Hunde davon. Das sicherste Zeichen für einen Aufschwung ist die plötzliche Vermehrung von Hundepsychologen.

Veterinärmediziner warben für ihre »Welpenpartys«. Einmal im Monat kamen nagelneue Tölen in der Praxis zusammen, um unter Anleitung der »aus Funk und Fernsehen bekannten Mary Owens« Sozialverhalten zu üben. Damit könne man gar nicht früh genug anfangen, hieß es: Einzelhunde neigten im späteren Hundeleben zu Verhaltensstörungen.

Das stimmt. Caroline, eine entfernte Verwandte, hatte viele glückliche Jahre mit Bosco verbracht, doch plötzlich wurde die Hündin bockig. Manchmal blieb sie mitten auf der Hauptstraße sitzen, ein anderes Mal hatte sie keine Lust auf einen Strandspaziergang. Ein riesiges Problem, ist die Labrador-Hündin doch mindestens zehn Kilo schwerer als Caroline.

Doktor Flynn, der Tierpsychologe, tippte auf Machtkampf. Nach jahrelanger Unterwerfung fand Bosco offenbar, dass es an der Zeit sei, die Führung des sechsbeinigen Rudels zu übernehmen, analysierte der Psychologe. Caroline musste zugeben, dass Bosco sie seit einiger Zeit mit einem regelrechten Bodycheck aus dem Weg räumte, kaum dass sie die Haustür aufgeschlossen hatte, um erhobenen Hauptes als erste durch die Tür zu schreiten.

Verhaltenstherapie für Hunde ist in den USA erfunden worden, dem Land von Lassie und Rin Tin Tin. Diese beiden Überhunde sind auch schuld daran, dass viele Leute glauben, Hunde haben menschliche Eigenschaften. Wie aber erklärt man einer alten Dame, warum ihr »Pet«, wie Haustiere im Englischen genannt werden, ständig das Sofakissen bespringt und dabei mit der Hüfte kreist? Lassie tut so etwas nicht. »Ignorieren«, rät Doktor Flynn. Und den Kissenbezug täglich waschen.

Übrigens hält Pastor Professor Andrew Linzey von der Universität Oxford das Kosewort »Pet« für eine Beleidigung – nicht nur für das Tier, sondern auch für den Besitzer. Das Wort »Besitzer« müsse ebenfalls abgeschafft werden. »Es ist zwar juristisch korrekt«, sagt Linzey, »aber es gehört zu einem vergangenen Zeitalter, in dem Tiere als Eigentum, als Maschinen oder als Dinge, die man ohne moralische Hemmungen benutzen konnte, galten.« Lieber soll man von »Tiergefährten« und »menschlichen Betreuern« sprechen.

Linzey meint: »Wir werden nicht klar denken können, wenn wir nicht diszipliniert genug sind, weniger parteiische Adjektive für unsere Beziehungen zu Tieren zu verwenden.« Es müsse endlich Schluss sein mit diesen gemeinen Vergleichen: Listig wie ein Fuchs, essen wie ein Schwein, voll wie eine Natter, dickköpfig wie ein Esel. Im Deutschen ist es noch schlimmer: Warum wird ein ungeschickter Mensch nach einem Seevogel aus der Ordnung der Ruderfüßer benannt? Tölpel sind keineswegs tollpatschig. Täuschen Schwalben etwa vor, gefoult worden zu sein? Was kann die Laus dafür, dass das Wetter schlecht ist?

Die Begriffe »Viecher« und »Biester« seien laut Linzey eine Vorstufe zur Tierquälerei. Auch gehöre das Wort »Wildnis« aus dem Sprachgebrauch gestrichen, denn damit assoziiere man »unzivilisierte, zügellose, barbarische Existenzen«. Deshalb sei auch der Begriff »Wildtiere« ein Affront. Man solle von »frei lebenden, sich frei bewegenden oder frei umherstreifenden Tieren« sprechen.

Manchmal streifen sie sogar in Dublin frei umher. Zunächst sah die Schlagzeile interessant aus: »Dalai Lama blockiert Dubliner Ringautobahn.« Ein Protest gegen China? Bei genauerem Hinsehen stellte sich heraus, dass es sich um fünf Lamas handelte, deren Anführer Dalai hieß. Sie waren aus dem »Zirkus Sidney« ausgebrochen und tobten gemeinsam mit drei Ziegen auf der Autobahn herum. Die irische Polizei, ungeübt im Umgang mit solchen Verkehrssündern, hatte alle Mühe, die Herde einzufangen.

Handelte es sich um einen Werbetrick des deutschen Zirkusdirektors Alexander Scholl? Zuzutrauen wäre es ihm. Zwei Jahre zuvor war ihm ein Wallaby im südirischen Cork ausgebüxt. Ein anderes Mal marschierte Scholl mit zwei Elefanten die Hauptstraße der nordirischen Kleinstadt Bangor entlang, bis ihn die Polizei verhaftete. Das sei eine nicht genehmigte Parade, erklärten die Beamten, und das gefährde den Friedensprozess. Schließlich sei es bei Paraden immer wieder zu Gewalttätigkeiten zwischen beiden Bevölkerungsgruppen gekommen.

Ob es sich um protestantische oder katholische Elefanten gehandelt hat, war nicht mehr festzustellen, denn die Tiere verschwanden kurz darauf. Ein Elefant soll inzwischen in einem Safaripark bei Hannover leben, der andere starb in Nordirland. Er sei von einem Hund zu Tode schikaniert worden, erklärte Scholl. Offenbar handelte es sich um dieselbe Töle, die zuvor eine Gruppe von Kindern angegriffen und sich nun einen ebenbürtigen Gegner ausgesucht hatte.

Die irische Polizei verlangte für ihre Bemühungen um die Lamas 5.500 Euro, die Scholl aber nicht zahlen wollte. So wurden die Tiere in Geiselhaft genommen und in einem staatlichen Tierheim untergebracht. Dort kamen sie abhanden. Diebe krochen nachts über acht Felder und brachen den Schuppen auf, in dem die Tiere festgehalten wurden. »Ich war äußerst überrascht«, meinte der Wärter Joe Moran. »Die Diebe müssen über ein Transportfahrzeug verfügt haben.« Die Möglichkeit, dass die Herde auf der Landstraße nach Tibet getrieben wurde, schloss er offenbar aus.

Alexander Scholl beteuerte, dass er mit der Tierentführung nichts zu tun habe. Er verdächtigte Tierschützer. »Dublins Tierschutzorganisationen sind sehr groß«, sagte er, »und sie können sogar Pferde stehlen.« Ja, sind seine Gäule jetzt auch weg, wie die Elefanten, Lamas, Ziegen und das Wallaby?

Ein Dubliner Gericht verbot dem Zirkus, mit den Elefanten zu werben, denn die gebe es ja nicht mehr. Außerdem darf Scholl nicht behaupten, dass sein Zirkus australisch sei. Als er 2006 gegründet wurde, hieß er »Circus Ozzz, der australische Superzirkus«, musste sich aber nach einer Klage in »Circus Sidney« umbenennen. Geklagt hatte aus verständlichen Gründen »Circus Oz, der australische Superzirkus«.

Neben Haus- und Zirkustieren gibt es ja auch Nutztiere, aber die haben erst recht ihre Tücken. Ich saß an meinem Schreibtisch in dem westirischen Dorf Fanore, als ich ein Geräusch hörte. Ich drehte mich um und sah am Fenster einen Nasenring. Es war aber nicht der kleine Landpunk, dafür war der Nasenring zu groß. Der Ring war an einem Stier befestigt, und der hatte Frau und Kind mitgebracht.

Das Geld für das in die Einfahrt eingelassene Viehgitter hätte ich mir sparen können, die Tiere lachen insgeheim darüber. Vor allem Schafe haben einen ausgeprägten Sinn für Humor. Einmal hat sich eine Schnucke mit breitem Grinsen über das Gitter gerollt, um die Pflanzen im Garten verspeisen zu können. Jetzt machte sich die Kuh über die Gewächse her, während sich das Kalb an der Wäscheleine hinter dem Haus zu schaffen machte. Der Gatte hingegen lungerte im Hof herum. Er schien schlechte Laune zu haben. Die hatte ich auch, denn meine Zigarettenschachtel war leer, der Laden weit weg, und der Stier stand zwischen mir und dem Auto. Ich schüttete vom oberen Fenster ein Glas Wasser auf ihn, weil ich keinen kochenden Teer zur Hand hatte. Das Rindvieh ließ sich dadurch nicht beirren, außer dass sich seine Laune noch verschlechterte.

Inzwischen hatte die Kuh den Garten abgeerntet, schnappte sich das Kalb und trabte über das Viehgitter auf die Nachbarswiese, wo der Rest der Herde graste. Den Stier ließ sie zurück. Nach einer Ewigkeit trottete er endlich hinterher. Als die Luft rein war, fuhr ich zum Laden und versorgte mich mit mehreren Päckchen Zigaretten, falls der Besuch zurückkehrte. Auf dem Rückweg begegnete mir eine Rinderherde. Die Tiere liefen brav ums Auto herum – bis auf den Stier. Er hatte sich quer auf die Fahrbahn gestellt, so dass ich nicht an ihm vorbeikam. Ich erkannte ihn sofort, denn er hatte einen nassen Kopf. Ob er mir das Glas Wasser übel nahm?

Ich zündete mir erst mal eine Kippe an und wartete. Auf der Nachbarswiese stand ein Bauer, machte aber keine Anstalten, sich um die Tiere zu kümmern, die offenbar zum Dorfladen unterwegs waren. Nur der Stier verharrte regungslos. Ich traute mich nicht, ihn mit der Stoßstange anzustupsen, denn er war doppelt so groß wie mein Kleinwagen. Und Hupen hätte ihm womöglich restlos die Laune verdorben. Nach meiner dritten Kippe meinte das Vieh vermutlich, dass auch mir nun klar sein müsse, wer der Boss sei, und trottete aufreizend langsam am Auto vorbei.

Ich hielt bei dem Bauern an und fragte ihn, ob er die Herde nicht wieder einfangen wolle. Keineswegs, entgegnete er. Er habe sie schließlich gerade erst von der Wiese, die er für sein Pferd gemietet hat, heruntergescheucht. Die fremden Rindviecher hatten sich einfach durch ein Loch im Zaun gezwängt, was das Pferd erheblich beunruhigt habe – vor allem, als es den Stier entdeckte. Das könne ich sehr gut nachvollziehen, sagte ich und bot dem Gaul zur Beruhigung eine Zigarette an. Die Rinderherde ist zuletzt kurz vor Dublin gesichtet worden, angeführt vom schlecht gelaunten Riesenstier.

Es gibt aber auch erstaunlich mickrige Exemplare, wie Bauer Pat zu seinem Entsetzen herausfand. Zwei Jahre lang hatte er seine sechs Mädels gehütet, denn sie waren geschlechtsreif, und um den Hof in Fanore strichen nachts finstere Gestalten. Pat hatte andere Pläne. Er hatte sich einen Katalog kommen lassen, um einen geeigneten Samenspender auszusuchen, der hochwertige Nachkommen garantieren sollte. Seine Wahl war auf einen Limousin-Stier gefallen. Diese Rinderrasse stammt aus der gleichnamigen Region in Frankreich, sie ist bekannt für leichte Geburten, Anpassungsfähigkeit und gute Fleischqualität.

Charlie, Pats Stier, der sich bisher um die Kühe gekümmert hatte, war inzwischen alt und paarungsunlustig. So bemühte Pat diesmal einen »Rucksackstier«, wie der künstliche Besamer genannt wird. Gute Zuchtbullen sind bis zu 30.000 Euro wert. Der berühmteste irische Stier hieß Rocky, und seine Nachkommen bevölkern die halbe Insel.

Der Besamer kam, kassierte ein hübsches Sümmchen und befruchtete die sechs Kühe mit dem Samen von »L 34«, wie der George Clooney unter den Stieren im Katalog profan bezeichnet wurde. Nach drei Wochen kam der Tierarzt, um zu sehen, ob die Sache erfolgreich war. Bei drei Kühen hatte es geklappt, bei den anderen dreien nicht. Also musste die künstliche Befruchtung ein paar Wochen später wiederholt werden. Am liebsten hätte Pat den Kühen bis dahin einen Keuschheitsgürtel angelegt.

Seine Wachsamkeit nützte ihm nichts. Eines Nachts wurde er von Stiergebrüll geweckt, und er hörte sofort, dass es nicht Charlie war. Vom Balkon aus erkannte Pat ein dickbäuchiges, kurzbeiniges, zotteliges Tier, das sich an seinen Kühen zu schaffen machte. Pat rannte im Schlafanzug auf die Weide und warf Steine nach dem Eindringling, aber der Quasimodo der Stierwelt hatte ganze Arbeit geleistet: Alle drei Kühe waren schwanger, wie der Tierarzt später bestätigte. Pat hatte den mickrigen Bullen, der eher wie ein Wildschwein aussah, bis dahin nie ernst genommen, weil er glaubte, dass keine Kuh, die etwas auf sich hält, ihn an sich heranlassen würde. Das war bisher wohl auch der Fall gewesen. Der kleine Stier hatte sein erstes sexuelles Abenteuer offenbar so genossen, dass er fortan jede Nacht versuchte, erneut auf Pats Weide zu gelangen. Pat beschwerte sich beim Wirt der Dorfkneipe, dem das Untier gehörte. Er besitze gar keinen Bullen, behauptete der Wirt. Er möge sich doch mal die bovine Missgeburt auf seiner Weide ansehen, riet ihm Pat. Man habe ihm das Tier als Ochsen verkauft, verteidigte sich der Wirt. Pat kündigte entnervt an, dass er das umgehend nachholen und den Stier zum Ochsen machen werde, auch wenn es jetzt zu spät sei. Wie die Nachkommen in neun Monaten aussehen werden, könne man sich ja wohl ausmalen – jedenfalls nicht wie »L 34« aus dem Katalog. Die Kälber würden vermutlich nicht mal für den Streichelzoo taugen, weil sie den Kindern Angst einjagen würden.

Man munkelt, dass der Wirt einen blutigen Stierkopf unter seiner Bettdecke gefunden habe. Pat wird seitdem im Dorf respektvoll gegrüßt.

Ente gut, alles gut

Auf kulinarischem Gebiet weist Irland kaum noch Tücken auf. Früher bekam man in den Restaurants Quetschkartoffeln mit einem Stück fetten Schinken und zu Tode gekochtem Kohl sowie einer alles ertränkenden Sauce serviert. Auch bei der Weinbestellung ging es recht überschaubar zu: Wenn man sich nach dem Angebot erkundigte, bekam man zur Antwort, dass es roten und weißen gebe. Wer einen Rosé bestellte, erhielt eine Mixgetränk aus beiden Sorten. Fragte man nach einer Weinkarte, galt man als schwul. Im Zuge des vorübergehenden Wirtschaftsbooms hat sich das Angebot deutlich verbreitert. In den Angeberlokalen ist die Weinkarte so dick wie ein historischer Roman. Wer dazu gehören will, studiert die Karte aufmerksam, um sich vor dem Kellner und vor Freunden keine Blöße zu geben. Genauso gut könnten diese Menschen die Bauanleitung für eine Mondrakete studieren. Am Ende nehmen sie ohnehin den zweitbilligsten Wein. Das soll vorgaukeln, dass sie eine kenntnisreiche Entscheidung getroffen haben und nicht geizig sind, denn sie haben nicht das billigste Gesöff bestellt.

Millionen Menschen leiden unter diesem »Zweitbilligsten-Wein-Syndrom«, so hat eine Untersuchung ergeben. 56 Prozent der Weintrinker trauen sich nicht, den Kellner um Rat zu fragen, weil sie fürchten, dass er ihnen einen Chateau Petrus für 350 Euro empfiehlt. Und nur die wenigsten wissen, welcher Wein zu welchem Essen passt.

Das ist auch völlig unwichtig. Viel entscheidender für den Geschmack des Weins sei die Musik, die dazu gespielt wird, so behaupten Wissenschaftler. Sie haben 250 Studenten zusammengetrieben, sie mit Wein abgefüllt und unterdessen verschiedene Musikstücke gespielt. Dafür wählten sie Titel aus, die den Studenten unbekannt waren. Das Ergebnis war eindeutig: Bei der kraftvollen Kantate aus Carl Orffs »Carmina Burana« kamen ihnen die eher laschen Chardonnay und Cabernet Sauvignon viel voller und kräftiger vor, während die Weine bei Tschaikowskis Nussknacker-Suite leichter und subtiler schmeckten.

Auf die Idee für die Untersuchung sind die Wissenschaftler durch den chilenischen Winzer Aurelio Montes gekommen, der seine Weinberge mit gregorianischen Chören beschallt, weil die den Trauben mehr Energie verleihen. Zum Merlot passe am besten »Sitting on the Dock of the Bay« von Otis Redding, findet Montes, während »All Along the Watchtower« in der Version von Jimi Hendrix einem Cabernet Sauvignon geradezu Flügel verleihe. Muss man den Wein dann in drei Minuten herunterkippen, oder wird das Lied solange gespielt, bis die Weinflasche leer ist?

Professor Adrian North, der die Untersuchung leitete, hat sich seit Jahren mit Wein beschäftigt.

Früher bestückte er einmal ein Supermarktregal mit deutschen und französischen Weinen. An einem Tag ließ er ausschließlich französische Akkordeonmusik spielen, am anderen deutsche Trinklieder. Bei der französischen Musik wurde fünf Mal so viel französischer wie deutscher Wein verkauft, am nächsten Tag war es umgekehrt. Bei der U2 soll die Kundschaft nach K.O.-Tropfen gegriffen haben.

Während des Wirtschaftsbooms eröffneten jede Woche zwei neue Restaurants in Irland. In ethnischen Gaststätten kann man sich einmal rund um den Globus fressen. Nur nach Rumänien führte die kulinarische Reise nicht. Doch dann machte »Transsylvania« auf. Die Presse jubelte. Positive Diskriminierung nennt man so etwas wohl – Tenor: »Schaut her, sie liegen uns gar nicht auf der Tasche, sie können sogar kochen!« Können sie aber nicht. Jedenfalls diejenigen nicht, in deren Restaurant wir saßen.

Die Speisekarte sah vielversprechend aus. Sie wurde als Pergamentimitation gerollt in einer Lederröhre gereicht. Die Erklärungen zu den drei Vorspeisen und vier Hauptgerichten waren in roter Schrift gehalten, bei dem schummrigen Licht aber leider nicht zu entziffern. Das war Absicht. Der Kellner gab ein paar vage Erläuterungen, was uns zum ersten Mal misstrauisch machte. Hatten die Zeitungen in ihren Rumänen-sind-gut-Artikeln eigentlich etwas zur Qualität des Essens gesagt? Warum hatte der Kellner die Tür hinter uns abgeschlossen? Wovon sollte die Zwei-Mann-Band, die in der Ecke unsägliche amerikanische Schlager spielte, ablenken? Und was mochte sich hinter dem Gläschen »Rumänischer

Wein« für fünf Euro verbergen? »Wein aus Rumänien«, erläuterte der Kellner. Aha.

Der »heute besonders zu empfehlende original rumänische Salat« entpuppte sich als irische Fischpampe aus der Dose. Ich erkannte die Marke auf den ersten Blick, weil ich einmal im Supermarkt auf das appetitliche Foto auf dem Deckel hereingefallen war. Dass ich dem Würgmittel noch ein zweites Mal in meinem Leben begegnen sollte, hätte ich nicht gedacht, als ich die Dose damals entsorgte. Als rumänische Eigenleistung hatte der Koch dem Zeug zwei Stäbchen Cheddar-Käse beigegeben, was dem Arrangement auf dem Teller eine verblüffende Ähnlichkeit mit einem Chemiemüll-Warnschild verlieh.

Die Hauptgerichte waren ebenso grauenhaft. Die Fleischbällchen – offenbar aus einem Block Wurstmasse geschnitzt – waren in einer Tomatensauce aus der Dose ertränkt, das sündhaft teure Schweinefilet war unter Umständen Schwein, aber keinesfalls Filet. Und alles war eiskalt. Das war kein Wunder, denn als wir den Kellner wegen einer fehlenden Gabel suchten, fanden wir ihn alleine in der Küche: Er hatte die Dosen eigenhändig geöffnet und in die Mikrowelle gestellt, nebenbei die Teller abgewaschen und das Angerichtete serviert. Zwischendurch musste der kellnernde Büchsenöffner bei anderen Gästen abkassieren und ihnen zur Belohnung die Tür aufschließen.

Im Gegensatz zu rumänischen Restaurants gibt es China-Lokale auf der Grünen Insel zuhauf. Aber bei manchen ist Vorsicht geboten. In Belfast schließen die Restaurants wochentags ziemlich früh. So blieb der »Dragon Palace«, ein chinesisches Lokal neben der Universität. Der Drachen-palast ist aus unerklärlichen Gründen vom Fremdenverkehrsamt empfohlen.

Wer der Drachen war, wurde schnell klar: Der Besitzer hatte grottenschlechte Laune. »Da hin-setzen«, schnauzte er mich wie einen Hund an und zeigte zum Tisch neben der Kasse am Ein-gang. Im Vorbeigehen schleuderte er die Speise-karte wie ein Frisbee auf den Tisch, stand aber eine Minute darauf mit gezücktem Block neben mir. Ich erbat ein paar Zusatzinformationen zu den Entengerichten. »Ente, Ente, Ente, Ente«, schrie der unhöfliche Mensch, während sich sein Zeigefinger durch die Entenrubrik auf meiner Speisekarte bohrte. »Alles Ente!« Ich könne lesen, wandte ich mutig ein, aber sei die Kung-Po- Ente zum Beispiel scharf oder die Drachenente knusp-rig? »Knusprig«, heulte der Schrecken aller Spä-tesser auf und ließ die anderen Gäste an meiner offenbar völlig unsinnigen Frage teilhaben. »Wie kann sie denn knusprig sein, wenn sie in einer Sauce gekocht ist?« Mit diesen Worten ver-schwand er vorerst und schickte statt dessen sei-nen kleinen, dünnen, chinesischen Untergebenen Henry zu mir. Ich erkannte gleich, wer Henrys Lehrherr gewesen war: »Reis«, bellte er, als ich irgendeine Ente bestellt hatte. Und das war ein Befehl.

Als die Suppe kam, stellte sich der übellaunige Besitzer hinter die Kasse und beobachtete mich durch die Plastikgrünpflanzen, die er etwas zur Seite geschoben hatte. Ich begann hastig zu essen und bekam einen Schluckauf, weil die Suppe höl-lisch scharf war. Der Blick, der mir durch die Grünpflanzen zugeworfen wurde, vertrieb den

Schluckauf aber gleich wieder. Den Gästen am Nachbartisch ging es freilich nicht besser. Henry hatte sie gerade in der Mangel. »Sie haben doch schon Suppe bestellt«, sagte er, als sie vier Frühlingsrollen orderten. »Ist das denn immer noch nicht genug?« Unterdessen warf der Chef ein junges Pärchen aus dem Laden, weil es das Takeaway mit einem Scheck zahlen wollte. »Unter zehn Pfund nicht«, rief er ihnen nach, »das lohnt den Gang zur Bank nicht.« Die anderen beiden, die die Mindestanforderungen an Gäste erfüllt hatten, mussten auf der Treppe zu den Toiletten auf ihre eingetüteten Essensnäpfe warten.

Jetzt knöpfte sich Henry wieder mich vor: »Ente gut.« Wer würde es wagen, ihm zu widersprechen? Dann lehnte er sich quer über den Tisch, tippte auf das Tier und behauptete: »Sehr mager.« Mein Angebot, sich das Stück Geflügel zu nehmen, das er gerade angetatscht hatte, lehnte er jedoch ab. Offenbar traute er der Küche nicht.

Doch auch in irischen Restaurants kann man sein blaues Wunder erleben. Mein Freund Aribert, von dem im nächsten Kapitel noch die Rede sein wird, geht gern ins Restaurant. Solange es freiwillig ist. Einmal saß er in einem abgelegenen Dorf an der Südwestküste fest, weil die Fähre nach Skellig Michael, einer kargen Felsinsel im Atlantik, wegen des Sturms den Verkehr eingestellt hatte und auch keine Busse verkehrten, um das Dorf zu verlassen.

Auf Skellig Michael hatten zwölf Mönche und ein Abt im sechsten Jahrhundert ein Kloster hoch oben auf dem Felsen gegründet. Um es sich gemütlich zu machen, bauten sie Bienenkorbhütten und zwei bootsförmige Andachtsräume. Sie trafen sich nur einmal am Tag zur Messe, ansonsten widmeten sie sich den Gemüsebeeten: Karotten säen und Gott anflehen, dass die Saat aufgeht. Hauptsächlich ernährten sie sich aber von Papageientauchern. Durch einen Trick durften die auch freitags und zur Fastenzeit verspeist werden, denn die Vögel ernährten sich ausschließlich von Fisch, weshalb die Mönche sie kurzerhand ebenfalls zu Fischen deklarierten.

Aber die Mönche waren nicht nur fleißig, sondern auch dickköpfig. Als der gregorianische Kalender eingeführt wurde, hielten sie am julianischen Kalender fest. Fortan herrschte auf Skellig eine andere Zeit. Im Jahr 1700 hinkte die Insel 11 Tage hinterher, seit 1900 sind es 13 und ab März 2100 werden es volle zwei Wochen sein. Bei dem Tempo dauert es noch ein paar Jahrtausende, bis auf Skellig Ostern im Herbst gefeiert wird.

Doch zurück zu Aribert und seinem verhinderten Ausflug. In dem Ort, in dem er gestrandet war, gab es nur ein einziges Restaurant – mit Blick auf die tosende See. Von den 25 Tischen waren höchstens fünf besetzt. Die Tourismussaison war vorbei, wer hier dinierte, war nicht rechtzeitig vor dem Sturm weggekommen. Eine Kellnerin und ein Kellner kümmerten sich um die gestrandeten Gäste.

Die junge Kellnerin trug 20 Armreife, die lauthals hinunterklackerten, wenn sie servierte, und wieder heraufklackerten, wenn sie danach den Arm hob. Aribert, der seinen Teller eher übersichtlich mag, winkte ab, als sie die gesamte Mahlzeit vom Serviertablett auf seinen Teller häufen wollte. Das war ein Fehler: Die Kellnerin verschwand mit dem Tablett in der Küche. Aribert sah den Rest seines Essens nie wieder, sondern musste sich mit der homöopathischen Portion begnügen. Offenbar bekam man in dem Restaurant keine zweite Chance.

Der Kellner, ein spindeldürrer Mann mittleren Alters, war geräuschärmer als seine klackernde Kollegin. Der einzige Lärm, den er verursachte, war das Quietschen der doppelten Schwingtür, hinter der die Bar lag. Und zu der zog es ihn stets, nachdem er einen Gang serviert hatte, um sich mit einem Schnaps für den nächsten Gang zu wappnen. Jedes mal kam er ein wenig betrunkener zurück. Ist Freddy Frinton in diesem Restaurant auf seine Idee zu »Dinner for one« gekommen? Nach zwei Stunden, Aribert war inzwischen beim Nachtisch, war der Kellner duhn und lehnte an der Wand, mühsam um sein Gleichgewicht bemüht.

Dennoch vernachlässigte er seine kellnerische Pflicht keineswegs. Als er bemerkte, dass sich die ältere Dame an Ariberts Nachbartisch eine Zigarette in den Mund gesteckt hatte und ihr Ehemann seine Jackentasche nach Streichhölzern durchwühlte, zückte der Kellner geschwind sein Sturmfeuerzeug, sprang mit einem Riesensatz an den Tisch und warf das Feuerzeug an. Unglücklicherweise steckte bei der Frau noch die rote Papierserviette im Ausschnitt, und weil der Kellner nach so vielen Schnäpsen nicht mehr richtig zielen konnte, zündete er die Serviette an. Im Nu brannte sie lichterloh. Die Frau stieß einen gellenden Schrei aus, der Ehemann betrachtete derweil staunend seine brennende Gattin.

In seiner Panik griff der Kellner nach der Karaffe mit Eiswasser und schüttete es der Frau ins

Dekolleté. Nun schrie sie noch lauter, weil ihr einige Eiswürfel ins Kleid gerutscht waren. Nach einem Blick auf den Ehemann nahm der Kellner davon Abstand, die Eiswürfel eigenhändig herauszufischen. Ihm war selbst in seinem Zustand klar, dass er kein Lob für seine Geistesgegenwärtigkeit erwarten konnte, und so zog er sich vorsichtshalber in die Bar zurück. Am nächsten Tag fuhr der Bus wieder. Der zündelnde Ex-Kellner war als erster Passagier an Bord.

Sind solche Abenteuer in Restaurants inzwischen selten, so sind sie bei anderen Dienstleistungen die Regel – in Krankenhäusern zum Beispiel. Das irische Gesundheitssystem ist marode, der Wirtschaftsboom ist spurlos an ihm vorübergegangen. Der Gesundheitsdienst ist sogar in einem schlechteren Zustand, als er es in den achtziger Jahren war.

Es gibt Glückspilze, und es gibt Pechvögel. Heinz gehört zur zweiten Kategorie. Er stammt aus Bremen, lebt aber seit über 20 Jahren in dem Heimatdorf seiner Frau an der irischen Westküste. Inzwischen ist er 81, was eine anständige Leistung ist, wenn man bedenkt, dass er sein Leben lang gern getrunken und geraucht hat – zum Schluss nur noch heimlich, weil ihm seine Frau Prügel angedroht hat für den Fall, dass sie ihn mit einer Kippe erwischt.

Mit seiner Gesundheit geht es deshalb seit Jahren bergab, was wegen des beklagenswerten Zustands des irischen Gesundheitssystems besonders fatal ist. Heinz musste vor ein paar Jahren im Krankenhaus von Galway am Magen operiert werden. Der Eingriff sei tadellos verlaufen, behauptete der Arzt und schickte den Patienten nach Hause. Eine Woche später bekam Heinz jedoch starke Schmerzen im Unterleib und musste erneut ins Krankenhaus. Die Röntgenaufnahme ergab, dass der Chirurg eine Klammer im Bauch liegengelassen hatte. Er schnitt ihn wieder auf und holte die Klammer heraus. Doch die Schmerzen gingen nicht weg. Diesmal hatte der Chirurg einen Tupfer im Bauch vergessen.

Heinz erholte sich gut von den Utensilien in seinem Körper, doch dann bekam er einen Schlaganfall. Weil seine Frau zuerst den Notarzt und danach erst den Rettungswagen angerufen hatte, weigerten sich die Krankenwagenfahrer, ihn mitzunehmen, bevor der Notarzt eingetroffen war. Das dauerte anderthalb Stunden. Als Heinz endlich im Krankenhaus angekommen war, rechneten die Ärzte mit dem Schlimmsten. Sie riefen die Familie zusammen, damit sie sich von ihm verabschieden konnte.

Drei Tage später saß Heinz aufrecht und ziemlich fröhlich im Bett. Zwar war seine linke Körperhälfte gelähmt, und er konnte nicht sprechen, aber er versuchte ständig, mit den Lippen ein Wort zu formen. Es fing mit dem Buchstaben »W« an, so viel konnte seine Frau erkennen. Endlich kapierte sie: Er meine doch nicht etwa Whiskey, fragte sie ungläubig, und Heinz nickte freudestrahlend in der Annahme, dass sie einen halbseitig Gelähmten nicht schlagen würde. Sie erzählte die Geschichte entrüstet im Dorf, woraufhin barmherzige Freunde das gewünschte Getränk heimlich ins Hospital schafften und ihm einflößten.

Offenbar tat der Whiskey seine Wirkung, mit Heinz ging es stetig bergauf – bis die Schwestern

ihn auf einen Nerven stimulierenden Massage-
stuhl setzten und dort vergaßen. Nachdem er eine
Dreiviertelstunde durchgeschüttelt worden war,
fiel er erschöpft aus dem Stuhl und zog sich
schwere Prellungen zu.

So glimpflich kamen viele Iren im Winter 2010-
2011 nicht davon. Der Ire an sich ist nämlich
nicht wintertauglich. Kaum fiel der erste Schnee,
da fielen auch die ersten Menschen. Jedes irische
Krankenhaus versorgte täglich rund ein Dutzend
Knöchelbrüche, vier bis fünf kaputte Hüften und
ein paar Armbrüche. Die halbe Nation wurde ein-
gegipst. Die Ärzte rauften sich die Haare. Man
möge nie mit den Händen in den Taschen herumlaufen, rieten sie. Wenn man unbedingt raus-
müsse, solle man sich einen Entengang angewöh-
nen oder zwei Skistöcke benutzen. So hat Nordic
Walking nun auch in Irland um sich gegriffen.

Áine erwischte es ebenfalls. Sie hatte dafür ge-
sorgt, dass sich ihre Schulkinder an der Ein-
gangstür den Schnee von den Schuhen abputzten,
damit sie nicht ausrutschten. Nachdem die Kleinen unversehrt in ihre Klassenräume gelangt
waren, glitschte sie selbst aus – komplizierter
Trümmerbruch im rechten Knöchel. Weil im Zuge
der Sparmaßnahmen viele Krankenhausbetten
gestrichen wurden, führte die erhöhte Zahl von
Knochenbrüchen dazu, dass die Verletzten in den
ohnehin überfüllten Notaufnahmestationen her-
umlagen, bis ein Bett frei wurde. Die Patienten
mögen geduldig sein, bat der Arzt. Das beinhaltet
ja schon die englische Sprache: Ein Patient heißt
auch im Englischen »patient«, aber als Adjektiv
bedeutet das Wort »geduldig«.

Als ich Áine schließlich vom Krankenhaus

schwungvoll nach Hause schob, kam der Rollstuhl an einem unter dem Schnee versteckten Bordstein abrupt zum Stehen, so dass sie auf die Straße kippte, was den Heilungsprozess nicht eben beschleunigte. So lernte sie die Rollstuhlfahrtechnik lieber selbst und beherrschte schon bald eine perfekte Dreipunktwendung auf engstem Raum. Von mir gab es das passende Weihnachtsgeschenk: Fausti, der Rollstuhlhandschuh. Das Modell »Graue Eminenz« sei für jeden Rollstuhl geeignet, versprach die Werbung. Sie schenkte mir eine Krankenschwesternuniform.

Schade, dass sie bei ihrem Sturz keine Stöckelschuhe getragen hatte. Ein Gericht im englischen Manchester hat nämlich einer Frau, die sich den Knöchel gebrochen hatte, als ihr 7,2 Zentimeter hoher Absatz abbrach, 7.200 Pfund Schmerzensgeld zugesprochen – das sind tausend Pfund pro Absatzzentimeter. Nach dem Unfall war die lädierte Lady trotzdem ins Wirtshaus gegangen, weil sie sich den Abend nicht verderben lassen wollte. Nach den ersten paar Drinks ging es ihr besser, doch dann kippte sie bewusstlos um.

Noirín hatte flache Schuhe getragen, aber genützt hat es ihr nichts. Bei einem Sturz brach sie sich den Arm. Claire war ebenfalls hingefallen und trug nun einen dicken Kopfverband. Heiligabend saßen die drei Frauen nebeneinander auf der Couch und erzählten sich Geschichten aus der Schneehölle. Mit dem Mädchen aus der Nachbarschaft konnten sie freilich nicht mithalten: Die 14-Jährige hatte sich innerhalb von anderthalb Jahren beide Fußknöchel, beide Handgelenke, drei Finger und zwei Rippen gebrochen.

Das wäre beinahe auch meinem Taxifahrer passiert. »Ach du Scheiße«, murmelte er, »jetzt sitzen wir in der Tinte.« In Dublin herrschte Taxikrieg, und die Trantüte, der ich mich anvertraut hatte, war schnurstracks ins Feindeslager gefahren. Er war am Flughafen einfach einem anderen Taxi nachgeeilt und hatte die richtige Abzweigung verpasst, weil er damit beschäftigt war, mir unterwegs eine Versicherung anzudrehen. Jetzt wünschte ich mir, ich hätte eine Krankentagegeldversicherung abgeschlossen. Wir standen auf dem falschen Parkplatz und waren von mindestens 70 gegnerischen Taxis umringt. Es war ungefähr so, als wenn ein Schwarzer die Jahreshauptversammlung des Ku-Klux-Klan gestürmt hätte.

Die Sache war von Anfang an dumm gelaufen. Der taxifahrende Versicherungsvertreter hatte das Haus nicht gefunden und war eine halbe Stunde im Kreis gefahren. Schließlich stand er vor der Tür, musste jetzt aber dringend tanken. Weil er kein Geld dabei hatte, zahlte ich ihm den vereinbarten Fahrpreis im voraus. Der Fahrer gehörte dem Hackney-Verband an, der gegründet wurde, weil man eine Marktlücke witterte: An Wochenenden hatte es manchmal sogar Raufereien um ein leeres Taxi gegeben – zur hellen Freude der regulären Taxis. Deshalb bekämpfte man die Hackney-Konkurrenz, die mit niedrigeren Festpreisen ohne Taxameter fährt, mit allen Mitteln – bis hin zu aufgeschlitzten Reifen.

Mein Hackney-Fahrer fuhr jedoch nicht nur ohne Taxameter, sondern auch ohne Ortskenntnisse. Er stamme von der Südseite Dublins, erklärte er, und es klang, als ob er sich wie Captain Cook auf Entdeckungsreise fühlte. Dann kam er auf

Versicherungen zu sprechen. Ein Mann aus dem englischen Dagenham habe sich für hundert Pfund gegen eine Entführung in den Weltraum versichert, sagte er. Ich antwortete, dass ich das für eine grandiose Idee hielte, merkte aber zu spät, dass der Fahrer, der gerade den Flughafen mit dem Busbahnhof verwechselte, keinen Sinn für Sarkasmus hatte. Sein Vorbild war der ehemalige Londoner Lloyds-Einleger Simon Burgess, der Frauen gegen Jungfernzeugungen versichert. Mehr als 300 Jungfrauen haben sich bereits auf diese Art gegen Gottes Zudringlichkeiten abgesichert.

Das Taxiungeheuer zeigte auf meinen Bauch und meinte mit der Unverfrorenheit eines Dienstleistenden, der sein Geld im voraus kassiert hat, dass es bei mir wohl schon zu spät sei. Statt dessen wollte er mir eine Versicherung gegen Hämorrhoiden verkaufen, was wegen des langen Sitzens aufgrund seiner vielen Umwege durchaus sinnvoll schien. Kein Wunder, dass er Versicherungen verkaufen muss, bleibt bei solchen Irrfahrten von den Hackney-Fixpreisen kein allzu hoher Stundenlohn übrig. Meine Frage nach einer Versicherung gegen versichernde Taxifahrer überhörte er geflissentlich, fuhr dann aber hinter einem regulären Taxi geradewegs in die Höhle des Löwen: Der Warteplatz am Flughafen, den er dann doch noch aufgespürt hatte, ist ausschließlich für richtige Taxis bestimmt. Schon kamen erboste Kutscher mit geladenen Wagenhebern auf uns zu, da gelang dem Unglücksraben ein erstklassiges Wendemanöver, bevor zwei Taxen die Ausfahrt blockieren konnten. Mein Flugzeug war längst weg. Aber ich hatte unversichert überlebt.

Die Kapriolen eines anderen Dienstleistungsunternehmens sind zwar weniger gefährlich als inkompetente Taxifahrer, aber sie sind ebenso ärgerlich. So kommt ein Brief in Irland viel herum, wenn er der Post in die Hände fällt. Die hat sich nämlich einen hochmodernen Computer zugelegt, der 35.000 Briefe in der Stunde sortieren kann. »Wir sind das erste Land der Welt, das dieses System eingeführt hat«, verkündete der Post-Geschäftsführer John Hynes damals stolz. Man sei an einem einzigen Wochenende postalisch vom 19. in das 21. Jahrhundert gesprungen. Aufgrund des genialen Computers muss Irland auch in Zukunft keine Postleitzahlen einführen, um die Zustellung zu beschleunigen, sagte Hynes mit deutlichem Seitenhieb auf seine deutschen Kollegen. In seiner Begeisterung über den neuen elektronischen Mitarbeiter ließ er sich sogar dazu hinreißen, die Zustellung eines inneririschen Briefes innerhalb eines Tages zu versprechen.

Leider stimmt jedoch die Richtung nicht immer: Mitunter wird der Brief auch dem Absender zurückgebracht. Es ist offenbar Glückssache, wie der Brief auf dem Förderband liegt, wenn der Computer ihn liest. Tochter Ciara hatte an ihre Freundin in Frankreich geschrieben und neben den Absender auf der Rückseite einen Pferdekopf geklebt, den sie aus einer Illustrierten ausgeschnitten hatte. Immerhin lag der Brief am nächsten Tag bereits wieder in ihrem Briefkasten: Der Computer hatte den Pferdekopf offenbar für eine Briefmarke gehalten und ihn ordnungsgemäß abgestempelt. Der Briefträger wagte es nicht, am Urteilsvermögen seines metallischen Kollegen zu zweifeln, und akzeptierte die eiförmige Marke ohne Wert widerspruchslos. Bei weniger wichtigen Sendungen klebe ich seitdem immer eine Rabattmarke auf den Brief oder zeichne eine hübsche Marke, wenn ich die Zeit dafür habe.

Mit dem Robert-Bruce-Aufkleber der schottischen Unabhängigkeitsbewegung hat es ein Brief bereits bis nach Kanada geschafft. Dort sind auch Hunderte von Briefen für die Versicherung »Canada Life« gelandet. Die hat ihren Sitz jedoch in Dublin. Der Computer hatte nicht mehr weitergelesen, nachdem er »Canada« erspäht hatte. Und der westirische Bauer verflucht wahrscheinlich den Tag, an dem er seiner kleinen Farm den Namen »Arizona« gab. Wer in einer Dublin Road wohnt, die es in jeder irischen Ortschaft gibt, geht ebenfalls leer aus: Der Computer sendet die Briefe in die Hauptstadt.

Unglücklicherweise sind die ersten beiden Buchstaben meines Nachnamens das Autokennzeichen für die Grafschaft Sligo an der irischen Westküste. Dorthin hatte es den Brief meiner Bank in Berlin verschlagen, wie ein völlig überflüssiger, aber entlarvender Stempel auf der Rückseite verriet. Wo die Silvesterausgabe der deutschen Zeitung war, ist dagegen unklar. Vielleicht war auch sie an der Westküste, aber ihrem Zustand nach zu urteilen, muss sie dort am traditionellen Neujahrsschwimmen teilgenommen haben.

Dann kamen auf einmal gar keine Zeitungen mehr an. Der Briefträger wog sich schon in Sicherheit, nachdem er an unserem Haus vorbeigelaufen war und beim Nachbarn in die Auffahrt einbog. Ich hatte ihn jedoch aus dem Fenster beobachtet und rannte durch die Hintertür zum

Nebenhaus. Dem Briefträger klappte vor Schreck die Kinnlade herunter, als ich ihm die Haustür öffnete. Er starrte erst die Hausnummer und dann mich entgeistert an. Nach einer Weile stellte er völlig korrekt fest: »Du wohnst hier nicht.«

Ich will meine Post, verlangte ich, vor allem die deutschen Zeitungen. Das letzte Exemplare, das er gebracht hatte, war auf den Tag genau einen Monat alt. »Ich habe mich auch schon gewundert«, stammelte er, »ich dachte, du hättest sie abbestellt. Wenn keine Zeitung in meinem Fach liegt, kann ich auch keine zustellen.« Da müsse ich mich schon ans Hauptpostamt wenden.

Die Kundenbetreuerin hörte sich meinen Fall an und versprach, etwas zu unternehmen. Am nächsten Morgen sah ich schon von weitem die Schlagzeilen am Zeitungskiosk: »Postdirektor soll abtreten!« Und in der Unterzeile: »Unzufriedenheit über maroden Zustelldienst!« Das hatte ich nicht gewollt. Beim genaueren Hinsehen stellte sich jedoch heraus, daß ich nicht der einzige unzufriedene Kunde war. Die Post führte die Probleme auf die computergesteuerte Sortieranlage zurück. In der Vorfreude über das Leistungsvermögen des Ungetüms hatte man 180 Leute entlassen und den anderen eine Stunde mehr Schlaf gewährt: Statt um sechs müssen sie seitdem erst um sieben anfangen. Doch der Computer ist ein Versager, demnächst werden in Irland Postleitzahlen eingeführt.

Meinem Briefträger gingen meine täglichen Fragen nach den deutschen Zeitungen irgendwann auf die Nerven. Auf meine Vorwürfe entgegnete er: »Wenn du jemals wegziehst, sorg dafür, dass hier ein Analphabet einzieht. Und sorg dafür, dass er sich eine anständige Haustür zulegt.« Unser Briefschlitz ist nämlich tief unten in der Tür angebracht, und die Postgewerkschaft drohte, solche Häuser künftig nicht mehr zu beliefern. Ich erwog, einen neuen Briefschlitz in Brusthöhe in die Glastür zu montieren, aber meine Lehrerin hatte mir vor 30 Jahren verboten, jemals wieder einen Glasschneider – oder sonst irgendein Werkzeug – anzurühren, nachdem ich im Werkunterricht drei große Glasscheiben und meine Hand ruiniert hatte.

Die Diskussion um niedrige Briefschlitze wurde durch ein Gerichtsurteil neu entfacht. Ein Postbote hatte mehr als 50.000 Euro Schadensersatz zugesprochen bekommen, weil er sich aufgrund der ständigen Bückerei den Rücken verletzt hatte. Seine Gesundheitsprobleme begannen im Juni 1993, als er bei einem Niedrigbriefkastenschlitzhaus nicht mehr auf die Beine kam, zumal er noch den 35 Pfund schweren Postbeutel umgeschnallt hatte. Er kroch zum Postamt zurück und meldete sich krank. Vier Monate später war er wieder arbeitsfähig, doch der Amtsvorsteher teilte ihn ausgerechnet für eine Neubausiedlung ein – 350 Häuser, alle mit Briefschlitzen in Knöchelhöhe. Das gab dem Postboten den Rest, er musste operiert werden.

Dabei ist das Thema keineswegs neu: Die Postgewerkschaft hatte bereits vor langer Zeit beantragt, eine Durchschnittshöhe gesetzlich festzulegen, die auf die Durchschnittsgröße der Postboten abzustimmen sei, aber die Lobby der Türfabrikanten hatte sich dagegen gewehrt. Es ist billiger, die Schlitze knapp über dem Boden anzubringen, weil man bei Holztüren sonst eine verstärkte Mittelstrebe einbauen müsse, argumentierte man. Ein Zeuge erklärte, der irische Haustürmarkt sei heiß umkämpft, deshalb käme es auf jeden Penny an, den man einsparen könne. Und den Schadenersatz für rückenlahme Postboten muss die Haustürmafia ja nicht zahlen.

Solange der rechtliche Schwebezustand anhält, muss ich morgens zur Tür rennen, um ihm die Post aus der Hand zu nehmen. Neulich kam ich einen Moment zu spät: Der Briefträger hatte die Post bereits halb durch den Schlitz geschoben, als ich die Schiebetür aufriss. Weil der kniende Bote die Briefe noch in der Hand hatte, warf ihn der Schwung zu Boden. Er lag da wie ein Maikäfer, sein Postbeutel war ausgekippt, die Briefe lagen in einer Pfütze. Seitdem schleicht sich der Postbote an der Wand entlang zur Haustür und schiebt die Briefe blitzschnell unter die Fußmatte. Die ist aber noch tiefer als der Briefschlitz. Demnächst bin ich nur noch per E-Mail zu erreichen. Die wird wenigstens in Augenhöhe angeliefert.

Ein Aribert für alle Fälle

Wer Unheil bringende Hände hat, ist auf jemanden angewiesen, der das gegenteilige Karma hat. Mein Freund Aribert ist so einer. Er repariert, was ich kaputt mache, und manchmal muss er dazu gar nichts weiter tun, als das vermeintlich malade Gerät anzufassen. Es ist zum verrückt werden. Seine Gabe scheint sich nicht auf tote Gegenstände zu beschränken, sondern funktioniert offenbar auch bei Tieren.

Wessen Idee es war, das Badezimmer zu renovieren, lässt sich im nachhinein nicht mehr feststellen. Sicher, der Raum sah mit den weißen Kacheln vom Fußboden bis zur Decke aus wie ein Schlachthaus – aber eine Komplettsanierung?

Kacheln und Bauschutt sind schwer. Aribert half mir beim Beladen des Anhängers. Nachdem wir eine knappe Tonne Müll bewegt hatten, stellten wir fest, dass die Schutzbleche auf den Rädern des Anhängers saßen. Er ließ sich keinen Zentimeter bewegen. Das Gerümpel musste auf einen größeren, geliehenen Anhänger umgeladen werden, und das bei für Irland ungewöhnlich sommerlichen Temperaturen.

Plötzlich waren sie da: »Midges«, jene fiesen, winzigen Stechfliegen. Ich war von einer riesigen Wolke umhüllt, vor der es kein Entkommen gab. Ich rannte auf die Straße, sprang über Hecken, rannte über Wiesen, aber die kleinen Blutsauger ließen sich nicht abschütteln. Merkwürdigerweise interessierten sie sich nicht im Geringsten für Aribert. Stimmt etwas mit seinem Blut nicht?

Als wir Kacheln, Schutt und allen möglichen anderen Müll aufgeladen hatten, zählte ich rund 120 Stiche. Es sah aus, als ob ich eine ansteckende Infektionskrankheit hatte. Bei Aribert, der zum Schluss noch einen alten Reifen auf den Anhänger gewuchtet hatte, machte sich der Nabelbruch wieder bemerkbar. Wir kamen uns vor wie eine besiegte Armee, als wir zur Mülldeponie fuhren. Dort hatte man sich offenbar vorgenommen, uns den Rest zu geben. Die Müllkippe ist für ein Land, in dem Kühlschränke in Bergseen, Autos in Flüssen und giftige Krankenhausabfälle in der Landschaft entsorgt werden, erstaunlich gut organisiert. Der Angestellte an der Waage inspizierte den Anhänger und schickte uns zurück zu den 15 Containern mit recycelbarem Material. Ein weiterer Angestellter passte auf, dass wir alles richtig machten.

Ob die Farbeimer, die wir gerade in den Container geworfen hatten, auch leer seien, wollte er wissen. Fast, antwortete ich und wurde dazu verdonnert, sie wieder herauszufischen und in den Container für fast leere Farbeimer zu werfen. Dann monierte er, dass Plastikbecher kein weiches Plastik seien, sondern hartes. Das sei ja wohl Ansichtssache, meinte ich. Sie seien genauso weich, wie mein Kopf es inzwischen war. Es nützte alles nichts. Jedes Mal, wenn wir auf die Waage fuhren, entdeckte der Müllsortierungsexperte noch irgendwo ein Papiertütchen, das nicht auf die Bauschutthalde durfte, und schickte uns zurück. Erst beim fünften Versuch ließ er uns durch, nachdem wir versprochen hatten, den Karton mit Betonputz auf der Bauschutthalde auszuleeren und dann in den korrekten Container zu werfen.

Stunden später war der Anhänger endlich leer. Auto und Anhänger wurden bei der Ausfahrt erneut gewogen, denn für Kacheln und Schutt muss man nach Gewicht bezahlen. Zum Schluss war mir ein kleiner Triumph vergönnt: Bei der Einfahrt hatte ich neben der Waage gestanden, bei der Ausfahrt blieb ich im Auto sitzen und wurde mitgewogen. Manchmal zahlt sich Übergewicht aus. Ariberts Spott über meinen zerstochenen Körper musste ich aber noch eine Weile ertragen.

Allerdings hat er nicht mit allen Tieren Glück. Als er seine beiden Perserkatzen mit nach England in den Urlaub nehmen wollte und sich vorsichtshalber bei der britischen Botschaft nach den Vorschriften erkundigte, lernte er die britische Paranoia aus erster Hand kennen. Der Brite an sich ist nämlich ein ulkiges Volk. Da verseucht er halb Europa mit dem Rinderwahn, und weil ihm das nicht ausreicht, schickt er noch die Maul- und Klauenseuche hinterher, aber wenn es um die Immigration unbritischer Tiere geht, wird er streng. Wie groß war die Aufregung, als nach dem Bau des Kanaltunnels die ersten fremden Spinnen aus Frankreich in England eintrudelten. Aus Frankreich!

Aribert bekam die Vorschriften zur korrekten

Einfuhr von Tieren schriftlich, auf vier Seiten. Die Londoner Regierung hatte ein Pilotprojekt unter dem Codenamen »Pet Travel Scheme« gestartet, wonach erstmals ausländische Tiere einreisen dürfen, sofern sie im »europäischen Wirtschaftsraum beheimatet« sind. Alle Hunde und Katzen, die nach Britannien wollen, müssen mit einem Mikrochip versehen werden. Aber aufgepasst! »Falls der nicht der ISO-Norm 11784 oder Anhang A der Norm 11785 entspricht, muss der Tierhalter ein Lesegerät zur Verfügung stellen«, warnte die Botschaft. »Falls das Tier vor Einpflanzen des Mikrochips geimpft wurde«, hieß es weiter, »muss die Impfung wiederholt werden.« Die Impfung dient freilich nicht dem Schutz des Haustiers vor den in Britannien lauernden Seuchen, sondern dem Schutz der Insel vor den Tieren. Das ist, als ob sich ein Aids-Kranker von seiner Partnerin ein Attest zeigen lässt, dass sie gegen Masern geimpft ist, bevor er mit ihr ins Bett schlüpft.

30 Tage nach der Impfung muss ein »vom britischen Landwirtschaftsministerium zugelassenes Labor« eine vom Tierarzt entnommene Blutprobe untersuchen, um sicherzugehen, dass das Tier auf die Impfung angesprochen hat. Den Labortermin soll man vor der Impfung buchen, weil die Kapazitäten begrenzt sind und die Katze, wenn sie Pech hat, solange geimpft werden müsste, bis es mit der 30-Tage-Frist hinhaut. Ist diese Hürde erfolgreich genommen, »beginnt eine Wartezeit von sechs Monaten, ehe das Tier in das Vereinigte Königreich einreisen darf«. Doch halt! »24 bis 48 Stunden vor der Einreise muss das Tier von einem Tierarzt gegen Bandwürmer und Zecken

behandelt werden.« Richtig so, weg mit dem ekelhaften Getier, zumal sich die maulundklauenseuchigen britischen Blasenhufer nicht mal anständig kratzen können, wenn sie verzeckt sind.

Selbstverständlich muss die ganze Prozedur von Veterinären, die das Vertrauen der britischen Regierung genießen, bescheinigt werden. Zudem muss der Tierhalter eine eidesstattliche Erklärung abgeben, dass er mit seinem Vierbeiner während der Prozedur nicht in einem Land war, dass nicht unter das »Pet Travel Scheme« fällt.

Ariberts Perser sind zuletzt an der Autobahn nach Damaskus gesichtet worden. Im Ernstfall, so heißt es auf ihrem Asylgesuch, möge man sie einschläfern, bevor man sie nach Britannien ausliefert.

Ich hingegen reise eher ungerne, weil ich befürchte, dass meine Fähigkeit, elektronische Geräte lahmzulegen, auch Flugzeuge betrifft. So bin ich immer froh, wenn Aribert mitfliegt, damit er ausgleichend einwirken kann. Doch einmal konnte mich selbst das nicht beruhigen. Das lag an der Vorgeschichte: Ich war krank. Vermutlich eine Lebensmittelvergiftung. Damals, als die Gäste kamen, war das Gulasch noch frisch. Aber sie hatten weniger Appetit, als ich angenommen hatte. Es lag nicht an dem ungarischen Eintopf, versicherten sie, aber mehr als drei Portionen könne kein Mensch essen. Sie fragten, ob ich wieder in dem alten irischen Kochbuch für Großfamilien geschmökert hätte, in dem die Mengenangaben in Unzen abgefasst sind, so dass ein einfacher Dreisatz zur mathematischen Hürde wird.

Jedenfalls gab es für mich sechs Tage lang Gulasch – mal mit Nudeln, mal mit Kartoffeln und schließlich mit Reis, um keine Eintönigkeit aufkommen zu lassen. Vielleicht war es auch der Obstsalat, der genauso lange reichte wie das Gulasch. Am letzten Tag schmeckte der Früchtecocktail merkwürdig vergoren.

Oder war es gar keine Lebensmittelvergiftung, sondern Furcht? Ich wollte mit Aribert, der das Gulasch schon am dritten Tag verschmähte, Inisheer, die kleinste der Aran-Inseln vor der irischen Westküste, besuchen. Er wollte mit dem Schiff fahren – anderthalb Stunden auf See, inmitten der tückischen Galway-Bucht, in der selbst die Fische bei Seegang ertrinken, wie ich aus zuverlässiger Quelle erfahren hatte. Mir reicht schon eine leichte Brise, um meinen Magen aus dem Gleichgewicht zu bringen.

Ich hatte herausgefunden, dass die Insel auch von Kleinflugzeugen angeflogen wird. Sieben Minuten Angst sind besser als anderthalb Stunden Übelkeit, dachte ich mir und buchte zwei Tickets. Während der zwei Stunden Fahrzeit zum Miniatur-Flughafen kamen mir jedoch Bedenken. Worauf hatte ich mich bloß eingelassen? Es muss an der euphorisierenden Wirkung des vergorenen Obstsalats gelegen haben. Das ließ Aribert aber nicht gelten, ebenso wenig wie meine Gulaschvergiftung. »Wer«, so fragte er höhnisch, »hat denn den Flug gebucht, statt die Fähre zu nehmen?«

Am Flughafen wurden wir gewogen, um das Gewicht in der niedlichen Maschine gleichmäßig zu verteilen. Zum Glück unterliegt die Fluggesellschaft der Schweigepflicht. Ich würde den Rasenmäher mit Flügeln möglicherweise voll kotzen, warnte ich das Bodenpersonal und fragte, ob das ein hinreichend schwerwiegender Grund für die Nichtbeförderung sei? Sieben Minuten würde ich schon durchstehen, behauptete die Angestellte optimistisch und schubste mich in das lächerliche Flugobjekt. Mein Einwand, dass ich vergessen hätte, den Geburtstagsbrief für meine Mutter einzuwerfen und sie sehr enttäuscht wäre, wenn ihr Lieblingssohn nicht an sie dächte, wurde verworfen.

Der Pilot war ein beunruhigend junger Mann, vermutlich ein Lehrling. Offenbar kannte er sich mit den Instrumenten noch nicht so gut aus, da er ständig irgendwelche Schalter an- und ausknipste. Wer den Spruch erfunden hat, dass die Zeit wie im Flug vergehe, ist noch nicht auf die Aran-Inseln geflogen. Es waren die längsten sieben Minuten meines Lebens. Ich verfluchte den Obstsalat. Den hatte Aribert von Anfang an abgelehnt, weil er angeblich »keine Unordnung auf dem Teller« mag. Er nehme gemischte Früchte nur in gebrannter Form zu sich. Da kommt erst gar keine Flugangst auf.

Dank Aribert, der neben dem Piloten saß und offenbar heilend auf die Instrumente eingewirkt hatte, landete das Flugzeug doch noch unbeschadet auf Inisheer. Doch ein Mal, ein einziges Mal, scheiterte er an einem Elektrogerät. Damals wohnte er noch in Wuppertal, und dort gibt es schicke Toaster. Manchmal führen sie aber zu Ehekrisen. Angelika und Aribert wollten sich ein neues Gerät kaufen und suchten ein Geschäft auf, das vom einfachen Brotröstautomaten bis hin zur Luxusausführung mit Fünfganggetriebe alles führte. Angelika, die das Kaufgespräch übernommen hatte, entschied sich für einen Toaster mittlerer Preisklasse.

Aribert machte ein langes Gesicht. Er hatte ein Auge auf einen elektronischen Toaster mit Mittelzentrierung, Bräunungsgradmesser, Warmhalteautomatik und sanftem Auswurf mittels schallgedämpfter Hebevorrichtung geworfen. Bevor er seinen Wunsch äußern konnte, so behauptete er nun, habe die Gattin bereits die Sparausführung gekauft. »Ein Elektrogerät ist kein Wirsingkohl«, dozierte er. »Der Kauf will wohl überlegt sein.« Man tauschte das soeben erstandene Gerät gegen die Luxusausführung um.

Ich war auf die häusliche Brotbräunungsdemonstration gespannt, denn ich war damals ebenfalls auf Toastersuche. Unser altes Gerät mit zwei Seitentürchen hatte den Nachteil, dass man das Röstgut genau beobachten und im richtigen Moment wenden musste, damit es nicht schwarz wurde. Klingelte das Telefon zwischendurch, war die Brotscheibe verloren.

Aribert baute die Neuerwerbung auf dem Fensterbrett neben dem Esstisch auf und legte eine Scheibe Weißbrot in den Schlitz. Nach Knopfdruck surrte der Toaster, zentrierte die Scheibe und fuhr sie mit dem elektronischen Lift fast geräuschlos nach unten. Während Aribert Kaffee kochte, gab der Toaster Rauchzeichen von sich. Auf die manuelle Abschaltung reagierte er nicht. Erst als der Stecker herausgezogen wurde, gab er das zu Kohle gewordene Brot frei. Aribert drehte den stufenlos verstellbaren Bräunungsregler herunter, und das deutsche Markengerät verhunzte die nächste Scheibe. Und die nächste.

Dann war das Toastbrot alle. Man kaufte neues. Aribert hatte den Regler inzwischen auf Null gestellt, worüber sich der elektronische Brotvernichter offenbar ärgerte: Diesmal schossen Flammen aus dem Schlitz, im Handumdrehen brannte der ganze Apparat lichterloh. Aribert starrte erst ungläubig auf das Fensterbrett, dann auf Angelika, die vor Schadenfreude fast geplatzt wäre. Ich nahm dann doch Abstand vom Kauf dieses Luxusmodells.

Und das war gut so: Die Mitbewohner in Dublin hatten während meiner Abwesenheit einen Toaster gekauft. Er entpuppte sich als Niete. Er war zu klein für die irischen Scheiben, deren oberes Drittel aus dem Gerät herausragte. Nach dem ersten Durchgang musste man den Toast wenden und ein zweites Mal toasten. Das hatte einen Nachteil: Der mittlere Teil wurde zwei Mal geröstet, was ihm nicht gut tat.

Ich tauschte das Gerät dann gegen das Spitzenprodukt einer US-amerikanischen Firma um – mit breiten Schlitzen, in die vier Scheiben hineinpassen, sowie einer ausklappbaren Brötchenhalterung. Schon wieder ein Fehlkauf: Entweder ist irisches Brot zu leicht, oder der Toaster war ein Nebenprodukt der Nasa. Jedenfalls warf er die perfekt gerösteten Scheiben in hohem Bogen schnurstracks in die nasse Spüle. Wir essen seitdem Cornflakes zum Frühstück.

Übrigens tauschte Aribert seinen Toaster ebenfalls um. Seine Vermutung, ich hätte das Gerät heimlich angefasst, erwies sich als falsch: Der Toaster war tatsächlich defekt, das Ersatzgerät funktioniert tadellos. Aribert hatte sein heilbringendes Karma nicht eingebüßt. Dafür hat er andere Probleme, und zwar mit irischen Behörden und Dienstleistern. Mit Telefongesellschaften zum Beispiel hat er genauso wenig Glück wie ich.

Von meinem Kampf gegen die inkompetente irische Telefongesellschaft Eircom war an anderer Stelle schon die Rede. Es ist kaum zu glauben: Es gibt noch unfähigere Firmen. »Three« heißt das Mobilfunkunternehmen, das seinen Sitz in England hat, aber auch auf dem irischen Markt sein Unwesen treibt. Aribert hatte sich einen mobilen Internetstick gekauft, und anfangs funktionierte alles tadellos. Doch dann startete »Three« eine Werbekampagne und wurde von der Nachfrage überwältigt. Weil man die Kapazitäten nicht erhöht hatte, ging nun gar nichts mehr.

So kündigte Aribert seinen Vertrag schriftlich und fristgerecht. Damit schien der Fall erledigt. Doch »Three« buchte die Grundgebühr weiterhin ab, als ob nichts geschehen sei. Nachdem Aribert das Geld mit Hilfe seiner Bank zurückbeutet hatte, schickte ihm »Three« jedoch ein Inkassounternehmen auf den Hals, das 110 Euro verlangte.

Weil ich gewöhnlich nicht zu Wutanfällen neige und vor 35 Jahren ein Semester Jura studiert hatte, bat Aribert mich, mit »Three« zu verhandeln. Mit Dritten spreche er nicht, sagte Herr Three und legte auf. Beim nächsten Versuch gab ich mich als Aribert aus. Ich landete in Indien, die Verbindung war recht schlecht. Schriftliche Kündigungen akzeptiere man nicht, sondern nur telefonische, erklärte der Inder. Außerdem habe er keine schriftliche Kündigung bekommen. Ich habe sie ja auch nicht nach Kalkutta, sondern nach Dublin geschickt, entgegnete ich. Daraufhin stellte er mich nach England durch.

Die Verbindung wurde noch schlechter. Obendrein lief in der Warteschleife ein Lied, das eigens für »Three« komponiert worden ist: »Jeder

Hut, der hat drei Ecken, jeder Stuhl, der hat drei Beine – Drei ist die magische Zahl.« Kein Wunder, dass bei dem Laden nichts funktioniert. Vermutlich fallen die Mitarbeiter ständig von ihren Stühlen. Wer ist eigentlich auf das blödsinnige Sprichwort »Aller guten Dinge sind drei« gekommen?

Phoebe in England hatte auch keinen Kündigungsbrief erhalten. Ich schlug einen Kompromiss vor und erklärte mich bereit, eine Monatsgrundgebühr von 20 Euro zu zahlen. Sie akzeptierte Ariberts Kreditkarte aber nicht, weil die in Deutschland registriert ist. Ich sagte, dass mein Freund Ralf mit seiner irischen Karte zahlen könne. Da müsse sie aber direkt mit Ralf sprechen, um das autorisieren zu lassen, sagte Phoebe. Also reichte ich den Hörer an Aribert weiter, der sich nun als Ralf ausgab. Sie werde in wenigen Minuten zurückrufen, wenn die Zahlung abgewickelt sei. Das stürzte uns in eine Identitätskrise. Wer sollte nun ans Telefon gehen und sich mit welchem Namen melden?

Schließlich ging ich als Aribert ans Telefon. Die Zahlung sei erfolgt, frohlockte Phoebe. Nun schuldete ich ihr noch 90 Euro, fügte sie hinzu. Das ist also ein Kompromiss à la »Three«. Nun bekam ich doch noch einen Wutanfall. Ich war längst davon überzeugt, dass ich Aribert sei und es um mein Geld ginge. Plötzlich fiepte es im Telefon, dann war die Leitung tot. Ein Bagger hatte mein Telefonkabel vor dem Haus durchtrennt.

Die Sache nahm dann doch noch ein gutes Ende. Aribert reparierte das Kabel und ignorierte »Three«. Nach einer Weile wurden die Drohbriefe seltener, bis sie ganz aufhörten. Bei seinem

Hausbau hatte Aribert weniger Glück. Eigentlich ist er ein geduldiger Mensch. Vor vielen Jahren hatte er an der irischen Westküste ein kleines Grundstück gekauft, um ein Haus darauf zu bauen. Immer wenn er etwas Geld übrig hatte, ging es mit dem Bau ein Stück voran. Jetzt war er endlich bezugsfertig – es fehlte nur noch der Stromanschluss. Das war problematischer als erwartet. Aribert hatte eine siebzig Meter lange Rohrleitung für den Hauptanschluss unterirdisch verlegt und die Leitungen samt deutscher Steckdosen selbst installiert. Das war ein Fehler. Der Inspektor vom Verein irischer Elektriker rächte sich dafür, dass keiner seiner Kollegen zu Rate gezogen worden war.

Die Inspektionsgebühr war im voraus zu entrichten – und zwar weder per Überweisung noch bar oder mit Scheck, sondern mit einer beglaubigten Bankanweisung. Hatte man Angst, dass sich Aribert nach erfolgter Inspektion samt Haus aus dem Staub machen könnte? Nach drei Wochen tauchte jedenfalls ein etwa 50jähriger Mann auf. Es gebe neue Richtlinien, verkündete der Inspektor stolz und begann, im Haus herumzustöbern. Die Badewanne sei nicht geerdet, monierte er sogleich und ließ sich auch nicht durch den Einwand beirren, dass es sich um eine Plastikwanne handele. Die warmen und kalten Wasserleitungen müssten einzeln geerdet werden, befahl Mr. 240 Volt, vor dem Haus gehöre ein langer Stab für die Erdung in den Boden gerammt, und die Steckdosen seien nicht mit 16, sondern mit 20 Ampere abzusichern. Man solle ihn anrufen, wenn seine Befehle ordnungsgemäß ausgeführt seien – nach Entrichtung der erneut fälligen Inspektionsgebühr. Nach einem halben Jahr war es soweit, doch der Inspektor war noch immer nicht zufrieden: Der in den Boden gerammte Erdungsstab war lang und dünn statt kurz und dick. Und warum seien die Steckdosen mit 20 statt mit 16 Ampere abgesichert? Einen Augenblick erwog Aribert, den kurzen, dicken Inspektor neben dem langen, dünnen Stab in den Boden zu rammen, entschloss sich dann jedoch zur Kooperation.

Alles ging gut, bis man zu den Steckdosen kam. »Irische Steckdosen sind dreipolig«, sagte der Inspektor, »zweipolige Dosen haben keinen Schutzkontakt.« Haben sie doch, behauptete Aribert und sezierte eine Steckdose. Der Inspektor sah das ein, aber Ariberts Erleichterung währte nur kurz. »Woher weiß man denn bei zweipoligen Steckdosen«, so fragte der Schrecken aller Hobbyelektriker, »auf welcher Seite das Pluskabel liegt?« Elektrogeräte seien so gebaut, dass das keine Rolle spiele, stöhnte der vor Wut schwitzende Hausbesitzer.

Es half freilich nichts. »Das darf nicht sein«, lautete des Inspektors Urteil. Aribert musste sämtliche Steckdosen aufschrauben und mit einem Filzer auf der Steckdose die rechte Seite markieren, auf der das Pluskabel lag. Befand es sich links, musste die Dose ausgebaut und umgedreht werden. Das dauerte vier Stunden. Danach rückte der Herr der Kabel schließlich die begehrte Bescheinigung heraus. In der Fußnote vermerkte er, dass er für die Steckdosen keinerlei Verantwortung übernehme.

Der Blick von seinem Haus auf den Atlantik entschädigte Aribert für widerspenstige Strominspektoren – wenn da nicht ein Tier wäre. Und das verschont ihn im Gegensatz zu den »Midges« nicht. Flipper ist an allem schuld. Seitdem die gleichnamige US-Serie Mitte der Sechzigerjahre im Fernsehen lief, wird Delfinen menschliche Intelligenz und moralische Integrität attestiert. Deshalb taugte der Meeressäuger auch gut zur Bekämpfung von Verbrechern, da diese stets blöd genug waren, sich aufs Meer hinaus zu wagen, wo Flipper bereits lauerte.

In Wirklichkeit sind Delfine eine Plage, der man nicht entfliehen kann, wenn man am falschen Ort wohnt. Ein Delfinweibchen, das nach einer Fehlgeburt offenbar aus der Herde ausgestoßen worden war, ließ sich direkt vor Ariberts Haustür nieder. Zunächst konnte er das geheim halten. Doch sein Nachbar, der eine kleine Pension betreibt, erkannte in dem Delfin ein touristaugliches Objekt, benannte seinen Laden in »Dolphin Watch Lodge« um und erhöhte die Preise für die Zimmer nach vorne heraus, weil man dort vom Bett aus das Treiben des nassen Tieres beobachten konnte. Darüber hinaus schaltete der Nachbar täglich Annoncen in der landesweiten Presse. Das wirkte.

Die Anwesenheit des Delfins sprach sich in Windeseile nicht nur in Irland herum, sondern auch im Ausland. Sie kamen aus Deutschland und den Niederlanden, aus England, Kanada, den USA und aus allen Winkeln Irlands. Morgens um sechs, wenn die Sonne aufging, rollten die Autos an, erst bei Einbruch der Dunkelheit verschwanden sie wieder. Tagsüber herrschte ein Verkehr wie auf der O'Connell Street, Dublins Hauptstraße. Manchmal kam es zu kilometerlangen Staus, was in diesem Teil Irlands bis dahin höchstens

Schafe verursacht hatten. Die Delfinfreunde parkten gern auch vor Ariberts Einfahrt, so dass er nicht mal abhauen konnte. Manche klopften sie an seine Tür und fragten, ob sie die Toilette benutzen dürfen. Andere benutzten gleich seinen Garten. Aribert zog in Erwägung, bei Ebay eine Harpune zu ersteigern – er ließ offen, ob sie für den Delfin oder die Touristen gedacht war.

Das Tier kooperierte obendrein mit den Besuchern. Delfine gelten ja ohnehin als freundlich, weil sie wegen ihrer Physiognomie ständig zu grinsen scheinen, aber dieses Exemplar übertrieb es maßlos mit seiner Zutraulichkeit. Kaum ging jemand baden, kam das Tier an und verlangte, dass man sich an seiner Rückenflosse festhielt, um ein bisschen spazieren zu schwimmen. Alles ließ sich der Delfin freilich nicht gefallen. Dem »kleinen Vampir«, einem einheimischen Jugendlichen, der so genannt wird, weil er genauso aussieht wie die Kinderbuchfigur, haute er die Schwanzflosse um die Ohren, als der versuchte, dem Tier ein Lasso um den Hals zu binden, um sich auf Wasserskiern durch die Bucht ziehen zu lassen.

Ein Holländer bastelte sich einen Taucheranzug mit einer gelben Rückenflosse und nur einem Bein, in den er sich hineinzwängte, weil er wissen wollte, »wie sich ein Delfin fühlt«. Aus Deutschland rückte Ursula an, verliebte sich in den Delfin und mietete eine Wohnung in Strandnähe. Die Zuneigung beruhte auf Gegenseitigkeit. Klopfte sie mit der flachen Hand aufs Wasser, erschien der Delfin, rollte sich auf den Rücken, und Ursula legte sich obendrauf – Sex on the water.

Allerdings durfte man keine Dinge mit ins Meer

nehmen, denn der Delfin glaubte sonst, es sei ein Geschenk. Wenn man sein Surfboard oder die teure Unterwasserkamera aber nicht herausrücken wollte, wurde er böse. Einen Mann, der sich von seiner Luftmatratze nicht trennen wollte, schob das Tier aufs offene Meer hinaus und boxte ihn mit der Schnauze in den Magen, so dass er fast ertrunken wäre. Das tat der Huldigungen für den stromlinienförmigen Störenfried keinen Abbruch.

Ein Graham richtete eine Webseite für den Delfin ein, den er »Dusty« taufte. Das ist ein bescheuerter Name für ein Meerestier. Genauso gut könnte man einen Schimmel »Blacky« taufen. Graham glaubt aber, der Delfin sei die Reinkarnation der irischstämmigen Soul-Sängerin Dusty Springfield, deren Asche 1999 ein paar Kilometer weiter an den Cliffs of Moher ins Meer gekippt wurde.

Graham muss von Ariberts Harpunierfantasien gehört haben. »Wir waren bestürzt, als wir Gerüchte hörten, dass manche Ortsansässige den Delfin loswerden wollen«, heißt es auf der Webseite. »Wir wissen nicht, auf welche Art das geschehen soll, aber wir nehmen das sehr ernst.« Dann verschwand Dusty über Nacht. Eine Woche später wurde im Nachbarort ein toter Delfin angeschwemmt. Hatte Aribert seine Drohung wahr gemacht?

Ursula wusste es besser. Sie stand am Meer, Weite im Blick, und sagte: »Ich habe gerade eine Botschaft von Dusty bekommen. Sie lebt, es geht ihr gut.« Fortan fuhr sie unermüdlich die Küste auf und ab, bis sie Dusty nach fünf Wochen und drei Buchten weiter fand. Das Tier erkannte sie sofort und rollte sich auf den Rücken. Die Sache war eindeutig. Der Tsunami sei schuld, erklärte sie. Der habe den Delfin durcheinander gebracht und seinen Orientierungssinn ruiniert.

Nun war er also wieder da, und zwar an einer Bucht fernab von menschlichen Behausungen, und so hätten alle zufrieden und glücklich bis ans Lebensende sein können. Doch neulich tauchte Dusty wieder in Fanore auf, natürlich direkt vor Ariberts Haustür. Der warf flugs seinen Computer an, um nach Methoden zu suchen, wie man »das blöde Vieh« unauffällig loswerden kann. »Delfine sind dümmer, als man denkt«, stimmt ihm der Übersetzer Harry Rowohlt zu. »Wir sind in Griechenland mit einem Fischerboot aufs Meer gefahren. Die Delfinherde wollte uns von ihren Fischgründen weglocken. Wir sind in die entgegengesetzte Richtung gefahren und haben fette Beute gemacht.«

Warum sind sie nicht den Delfinen hinterher gefahren und haben ein paar gefangen? Delfin-Sushi zum Beispiel ist sehr schmackhaft. Auf dem berühmten Tsukiji-Markt in Tokio werden die Merressäuger hoch gehandelt. Dort hat man allerdings ebenfalls Ärger mit Touristen. Deshalb wurde der Markt für sie gesperrt. Der Tropfen, der das Fass zum Überlaufen brachte, war eine Horde betrunkener Engländer, die einen Thunfisch im Wert von 6.000 Euro ableckten. Vermutlich hielten sie ihn für einen Salzhering und wollten ihren Rausch bekämpfen. Bei Fisch versteht der Japaner keinen Spaß.

Was man mit einem Delfin alles machen kann, erfährt man übrigens aus »Betty Crocker's Dolphin Cookbook«. Der Klassiker unter den Delphinkochbüchern erschien erstmals 1913 im kanadischen Halifax. Hilfreich ist auch das Buch »Kulinarisches vom Tümmler. Leichte Küche mit Delphin«. Figurbewusst kochen mit Delphinfleisch, so wird das Buch angepriesen: »Die Autoren haben die Vorzüge des Delphinfleisches für die moderne Küche erkannt.« Zu beziehen sind beide Bücher über den Verband Deutscher Delfinliebhaber. »Herbstzeit ist Tümmlerzeit, das wissen Kenner schon lange«, heißt es auf dessen Webseite. Das seien wahre Tierschützer, die sich darum sorgen, dass das Tier würdig zubereitet werde, meinte Aribert.

Eigentlich ist er aber kein Delfinjäger, sondern Filmemacher. Einmal drehten wir einen Dokumentarfilm in Cork. In keiner anderen Stadt Irlands gebe es eine solche Anhäufung merkwürdiger Menschen, behaupten die Iren. Die Dubliner meinen gar, Leute aus Cork seien überhaupt keine Iren.

Das Isaac's Hotel in Cork ist nicht leicht zu finden, wir waren auf die Hilfe der Eingeborenen angewiesen. Der Erste, den wir fragten, war Mopedkurier für eine Pizzeria. Er schlug vor, dass wir einfach hinter ihm herfahren, er würde ohnehin am Hotel vorbeifahren. Wir sausten durch die Stadt, bis wir in einer Sackgasse landeten, während der Mopedpizzamann über den Bürgersteig raste und in einer Seitenstraße verschwand. Aha, Cork also, dachten wir uns und wendeten. Plötzlich tauchte der Mopedfahrer wieder auf. »Ich dachte, ihr seid ein Moped«, meinte er. Nun sei alles viel komplizierter. Wir müssten über die Brücke auf die andere Seite des Flusses und über eine andere Brücke wieder zurück. »Wegen der

Einbahnstraßen«, sagte er. »Schade, dass ihr kein Moped seid.« Schade, dass der Mopedfahrer keine Ahnung hatte. Seine Beschreibung war zwar genau, führte aber zum falschen Hotel.

Doch schon fanden wir einen anderen hilfsbereiten Corker. Er kenne das Hotel sehr gut, sagte er, neulich erst habe er dort mit seiner Großnichte gespeist. Es sei keine zehn Minuten entfernt. Zu Fuß. Mit dem Auto würde es doppelt so lange dauern, wegen der Einbahnstraßen. Da wir das Auto aber nicht in der Innenstadt stehen lassen konnten, entschieden wir uns für den abenteuerlichen Weg. »Also«, begann er seine Wegbeschreibung, »da vorne rechts, bis zum Ende der Straße, dann links über die Brücke, gleich rechts, erste Straße links. Kapiert?« Ich bejahte, was ihn nicht daran hinderte, die Beschreibung zu wiederholen. »Kapiert?« Ich nickte stumm und voller Entsetzen, weil er wieder von vorne begann. War ich in der Endlosschleife eines Films gelandet? Nach dem vierten Mal musste ich die Beschreibung aufsagen, dann war er wieder dran. Wir fuhren los, während er die siebte Runde anfing.

Auch diese Wegbeschreibung war falsch, sie führte uns geradewegs in den Hafen. Aribert schlug vor, ich sollte den Mann am Kai fragen. Ich weigerte mich zunächst, weil er trotz strahlenden Sonnenscheins eine Pudelmütze auf dem Kopf hatte, aber es war niemand anderes in der Nähe. Meine Vorahnung erwies sich umgehend als richtig. Unser Hotel sei völlig unwichtig, sagte er, wir sollten uns lieber darum kümmern, dass er vom irischen Geheimdienst bereits zwei Mal angeschossen worden sei und seine Tochter vom Herzog von Cornwall in Warschau gefangen gehalten werde. Er habe sich bereits an den Europäischen Gerichtshof für Menschenrechte gewandt. Dann zog eine dicke Akte aus der Tasche. Außerdem habe er den ganzen Fall auf einer Audiokassette dokumentiert, fügte er hinzu und wollte die Kassette ins Autoradio schieben.

Am Ende fanden wir unser Hotel doch noch, weil wir nach dem Metropole Hotel fragten. Man schickte uns schnurstracks zum Isaac's Hotel. Der Corker ist eben sonderbar. Das ist Aribert aber auch manchmal. Als das Gespräch einmal auf Socken kam, horchte er auf. »Socken? Davon verstehe ich etwas«, rief er. Er besitze 60 Paar, und er achte beim Sockenkauf besonders auf die feinen Nähte. Er lasse niemand anderen seine Socken waschen, denn dabei könne man vieles falsch machen. »Manche Leute stopfen die Socken in den Wäschetrockner oder hängen sie gar draußen zum Trocknen auf«, bemerkte er verstört: »Es sind doch keine Freilandsocken. Socken gehören ins Haus!«

Bei der Vorstellung, dass jemand Wäscheklammern benutzen könnte, bekam er eine Gänsehaut: »Der Klammerabdruck in den Socken ist doch ekelhaft.« Aus demselben Grund benutze er keine Sockenclips, um die Paare zusammenzuhalten. »Ich sortiere meine Socken bei hellem Tageslicht«, sagte er, »denn wenn du einmal einen Fehler machst, bekommst du es nie mehr richtig hin. Das Glück der Unterhose ist es, kein Pärchen zu sein. Eine Socke hingegen ist nie alleine.«

Der Abend hatte eigentlich recht konventionell mit einem Essen begonnen, doch mit jeder Flasche Wein passte sich die kleine Runde auch äußerlich dem Niveau der Unterhaltung an: Alle trugen bunte Papierkronen aus den Knallbonbons, die noch von Weihnachten übrig gewesen waren. Astrid und Áine brachten das Gespräch immer wieder auf Socken. »Ein Mann in Unterhose und Socken ist ein Graus«, rief Aribert. »Stell dir mal vor, wenn Christus mit Socken ans Kreuz genagelt worden wäre. Wie das ausgesehen hätte!« Wolfgang, der bisher wenig zur Unterhaltung beigetragen, sondern sich dem Wein gewidmet hatte, begann zur Melodie eines bekannten Schlagers zu singen: »Rote Socken soll man küssen, denn zum Küssen sind sie da.« Damit war der Tiefpunkt des Abends erreicht. Irgendwann war Aribert verschwunden. Er sei nach Hause gegangen, erklärte er am nächsten Tag, weil er zu betrunken war. Vor dem Schlafengehen müsse er allerdings noch seine Socken aufgehängt haben, denn am nächsten Morgen hingen sie alle fein säuberlich am Wäscheständer.

Neben der Sockenmacke hat er auch einen ulkigen Musikgeschmack. Darüber lässt sich wunderbar streiten. Er hatte mich zum Essen in sein Haus eingeladen und holte mich pünktlich ab, da mein Auto – natürlich – kaputt war und öffentliche Verkehrsmittel in Fanore nur zweimal in der Woche verkehren. Nach den wunderbaren Frühlingsspaghetti, die Aribert mit viel Knoblauch zubereitet hatte, öffnete er eine Flasche Wein und legte Musik auf: Beethovens Fünfte.

Ich kam auf den genialen Musiker Frank Zappa zu sprechen und bedauerte, dass er so früh an Prostatakrebs gestorben sei, obwohl er frühzeitig gewarnt sein musste. Er hatte nämlich bereits 1981 den Song geschrieben: »Why does it hurt when I pee?« Wenigstens habe seine Witwe Gail

Zappa noch genügend Material für 100 weitere Platten, sagte ich und meinte, das sei doch eine gute Nachricht. Aribert fand das überhaupt nicht. Selbst wenn man Zappas Musik nicht möge, fügte ich unter fahrlässiger Missachtung von Ariberts zorngeschwollenen Adern hinzu, so müsse man doch zugeben, dass er einer der größten Musiker des 20. Jahrhunderts gewesen sei.

Nun war es um Ariberts Fassung geschehen. Ob ich närrisch sei, wollte er wissen. »Als Nächstes behauptest du noch, er sei so gut wie Beethoven«, schnauzte er mich an. »Ich hatte eigentlich vom 20. Jahrhundert gesprochen«, erwiderte ich. »Aber jetzt, da du es erwähnst, muss ich dir Recht geben: Er ist nicht nur genauso gut wie Beethoven, sondern sogar besser.«

Ich war zu weit gegangen. Aribert beorderte mich in sein Auto, bevor ich den Wein ausgetrunken hatte, und fuhr mich nach Hause – das heißt, er raste die Landstraße wutentbrannt in einem solchen Tempo entlang, dass mir angst und bange wurde. »Zappa ist ein Scharlatan«, schrie ich, »und jetzt fahr bitte langsam.« Es nützte nichts, die Höllenfahrt ging weiter. Aber sie dauerte nicht lange. Es war, als ob Aribert mich nach Hause gebeamt hätte. Am nächsten Tag erzählte ich unserem gemeinsamen Freund Klaus-Thomas Mann von dem Abend. Der ist ein kulinarisches Genie und denkt unentwegt an die nächste Mahlzeit sowie den nächsten Hochprozentigen, hat aber ebenfalls einen eigentümlichen Musikgeschmack. Umso überraschter war ich, als er mir beipflichtete. »Natürlich ist er besser als Beethoven«, sagte er und lud Aribert und mich zum Versöhnungsessen ein.

Um ein wenig Öl ins Feuer zu gießen, brachte ich zum Essen eine Zappa-Scheibe mit und wollte sie in den CD-Spieler schieben, als Klaus-Thomas mich gewaltsam daran hinderte. »Zappa«, japste er. »Ja, bist du noch bei Trost? Dieser Schrott kommt mir nicht in mein Gerät.«

Nun war ich verwirrt. Hatte er mir gegenüber am Telefon nicht den Eindruck erweckt, dass ich in ihm einen musikalischen Verbündeten habe? Langsam ging Klaus-Thomas ein Licht auf. »Du hast am Telefon von Zappa gesprochen«, sagte er. »Ich habe immer Grappa verstanden. Und mein Grappa kann sich in der Tat mit Beethoven messen.«

Die Katastrophen-Profiteure

Wo Katastrophen in Irland geschehen, ist die katholische Kirche nicht weit, um davon zu profitieren. Ihr Einfluss ist zwar nach den Enthüllungen über Kindesmissbrauch und Misshandlung von Heimkindern erheblich zurückgegangen, aber sie arbeitet an einem Comeback. Die wirtschaftliche Misere, in die die korrupten irischen Politiker das Land manövriert haben, bietet eine günstige Gelegenheit für ein Wunder. Immer dann, wenn es den Iren dreckig geht, hat die Jungfrau Maria mit ihrer Sippe Hochkonjunktur. Arbeitslosigkeit, Inflation, Schweinegrippe? Schon ist Maria zur Stelle und vollbringt ein kleines Wunder, damit die Menschen auf andere Gedanken kommen.

Als die Iren Mitte der Achtzigerjahre von Arbeitslosigkeit und Inflation gebeutelt wurden, während sich die Politiker die Taschen mit Bestechungsgeldern vollstopften, tanzten die Marienstatuen einen Sommer lang im ganzen Land. Es waren nicht nur gläubige Katholiken, die das Schauspiel beobachteten, sondern auch Atheisten, Kommunisten, Hells Angels.

Nun war es wieder so weit, denn der Grünen Insel geht es noch dreckiger als damals. Der Hellseher Joe Coleman kündigte das fällige Wunder einen Tag zuvor in einer Pressemitteilung an: »Morgen um 15 Uhr neue Marienerscheinung in Knock.« Welcher Ort wäre besser dafür geeignet als die Kleinstadt an der irischen Westküste? Knock hat Erfahrung mit Erscheinungen: Am 21. August 1879 morgens um acht entdeckten 15 Gläubige an der Kirchenwand Maria und Josef sowie Johannes den Täufer, der als Bischof verkleidet war. Darüber schwebten das Christuskreuz, ein Engel und ein Lamm. Eine kirchliche Untersuchung ergab später, dass die Gläubigen glaubwürdig waren, und seitdem ist Knock Wallfahrtsort. Inzwischen hat das Kaff einen internationalen Flughafen und eine Basilika für 7.000 Menschen.

So viele tauchten auch zur angekündigten Erscheinung in Knock auf. Es war schließlich Halloween, und die Leute wollten herausfinden, in welcher Verkleidung Maria diesmal wohl erscheinen würde. »Sie will, dass ihre Statue um drei Uhr in die Kirche getragen wird«, erklärte ihr Pressesprecher Coleman. »Der Hellseher soll hinter ihr laufen. Der Pfarrer soll den Rosenkranz beten. Danach wird sie sich zu erkennen geben. Sie wird ihrem Hellseher eine Botschaft an alle übermitteln. Diese Botschaft wird er in der Kirche verlesen.«

Das tat er aber nicht. Coleman verließ Knock um 16 Uhr und behauptete dreist, alles habe so stattgefunden, wie er prophezeit habe, nur der richtige Zeitpunkt, um ihre Worte zu enthüllen, sei noch nicht gekommen. Drei Wochen zuvor hatte Coleman schon einmal einen Marienauftritt in Knock vorhergesagt. Dabei vertat er sich allerdings um eine Dezimalstelle. Statt der prophezeiten 50.000 Marienfans tauchten nur 5.000 auf. Und auch bei der Zeit lag er etwas daneben. Das Wunder ließ eine akademische Viertelstunde auf sich warten.

Dann aber geschah es – und wie! Die Sonne begann zu tanzen, sie veränderte mehrmals ihre Farbe, ihre Strahlen stellten biblische Szenen dar. Manche glaubten, Maria mit einer Hostie in der Sonne zu erkennen. Oder war es eine Pizza Maria? Es gab Riesenapplaus, einige sangen ein »Ave Maria«, andere beteten und weinten vor Ergriffenheit. Nur Pfarrer Joseph Quinn raufte sich die Haare. Er hatte vergeblich versucht, die Menschen per Lautsprecher zur Messe in die Basilika zu locken. Dort sei Maria ständig zu Gast, beteuerte er.

Coleman behauptet, er habe seit 1986 ständig Visionen von Maria. Erst neulich habe er sie zweimal in der Kapelle der Kirche von Knock gesehen: »Die Statue wurde lebendig, sie öffnete ihre Arme, legte sich einen hübschen rosafarbenen Umhang um, über ihrem Kopf funkelten die Sterne. Dann drehte sie sich zu Jesus um, danach zu Padre Pio.« Ist Coleman etwa Angela Merkel in ihrer Bayreuther Festspielkleidung erschienen?

Eine Mary Murray konnte auch ein Wunder vermelden. Ihre Marienstatue aus Gips begann, blutige Tränen zu weinen. Vor lauter Schreck überschrieb sie der Gipsjungfrau ihr Haus. Die portugiesischen Hersteller der Statue lachten sich scheckig, denn sie hatten einen rötlichen Klebstoff für die Augen verwendet, der bei Hitze schmolz. Das wollte freilich niemand hören. Hunderte Pilger kamen täglich in das Haus, das nun dem Gipsklumpen gehörte.

Maria ist offenbar wundertauglicher als der Rest der göttlichen Bagage. Das wollte die kugelrunde Fiona Tierney aus Doon in der westirischen Grafschaft Limerick ausnutzen. Ihr hatte die Jungfrau vier öffentliche Auftritte im Jahr versprochen, und stets tauchte sie zum angekündigten Zeitpunkt auf. Die 22-jährige Tierney war die Einzige, der Maria erschienen ist, die 2.500 Gläubigen, die jedes Mal zur heiligen Show angereist waren, mussten sich voll und ganz auf Tierneys Wort verlassen.

Es hatte zehn Jahre zuvor angefangen. Damals fuhr die Tante mit der kleinen Fiona und ihrer zwei Jahre älteren Schwester Marcia sonntags immer zur Inchigeela-Grotte bei Cork, und eines Tages schaute auch Maria vorbei. Die entsetzten Eltern, die am Verstand ihrer Tochter zweifelten, unterbanden die Sonntagsausflüge umgehend, bis die Jungfrau ein Machtwort sprach. Nach einer »persönlichen Botschaft« Marias an Fionas Vater erlaubten die Eltern die Treffen zwischen Fiona und Maria wieder. Bald gründete sich auch ein Fanclub, der jeden Sonntag ein Vereinstreffen in der Inchigeela-Grotte abhielt.

Eines Tages brachte Maria ihren Sohn Jesus mit. Der führte Tierney zu einem zerfallenen Haus in Doon und riet ihr, die Bruchbude zu kaufen. Dann machte er die Baupläne: Ein schönes, großes Haus sollte es sein, dazu eine Kapelle, ein Garten mit den Stationen des Kreuzes, ein Raum mit der Kreuzigungsgruppe und ein großer Parkplatz. Zwar nahm der Architekt für den Entwurf kein Geld, aber zu den gewaltigen Baukosten wollte Jesus nichts beisteuern. Da musste der Fanclub von der Inchigeela-Grotte einspringen: Die Knalltüten zahlten für das komplette Anwesen, nachdem Tierney ihnen vom Deal mit der Jungfrau über vier Shows im Jahr erzählt hatte.

Fortan stand Fiona Tierney alle Vierteljahre in einem gigantischen blauen Kaftan in ihrem Garten und fiel vor den Augen der Marientouristen in einen Trancezustand. »Friede, Liebe, Beten und Schluss mit Abtreibungen«, so lautete Marias simple Botschaft. Damit sie auch jeder kapierte, hatte Tierney den Garten mit Plakaten dekoriert, auf denen abgetriebene Föten zu sehen waren. Außerdem bekam jeder der torfköpfigen Pilger ein Anti-Abtreibungs-Flugblatt zur Nachbereitung daheim.

Dann war es plötzlich vorbei mit den jungfräulichen Gigs, Maria hat die Nase voll von dem Rummel. Fortan wollte sie nur noch zur Privataudienz bei Tierney erscheinen. Zum Abschluss gab es aber nochmal einen Doppelauftritt in der Benamore-Grotte bei Roscrea, die Fiona Tierney »auf Anweisung Marias« – und mit dem Geld des Fanclubs – speziell für diesen Zweck bauen ließ. Maria wetterte noch einmal gegen Abtreibung, ihr Filius verlangte, dass die Leute gefälligst einen Rosenkranz für die Sicherheit des Papstes beten sollten. Dann fiel der Vorhang zum letzten Mal. Das Anwesen bei Doon war ja schließlich bezahlt.

Doch es gibt noch ein Fünkchen Hoffnung für die erstaunlich gutgläubigen Marienfans. Marcia hat plötzlich auch Erscheinungen, und sogar bessere als ihre Schwester Fiona: Neben Maria und Jesus taucht bei ihr ein ganzer Schwung Heiliger auf. Marcia hat gerade das Nachbarhaus in Doon gekauft. Es war nicht billig.

In Limerick scheint es von Menschen zu wimmeln, die die Naivität ihrer Mitbürger gnadenlos ausnutzen. Als die Stadtverwaltung ein paar uralte Bäume neben einer Kirche fällen ließ, weil sie auf die benachbarte Schule zu stürzen drohten, scherte das zunächst niemanden, denn das Fällen von Bäumen sind die Iren gewöhnt, seit die englischen Besatzer die irischen Wälder für ihre Armada abholzten.

Aber als die Stadtverwaltung auch noch den Baumstumpf ausgraben wollte, bildete sich eine Protestbewegung. Der listige Ladenbesitzer Séamus Hogan hatte nämlich festgestellt, dass der Baumstumpf wie die Jungfrau Maria aussieht – ein Wunder! Er sammelte tausende von Unterschriften, um die göttliche Erscheinung zu retten. »Die Leute kommen aus dem ganzen Land«, sagte Hogan, »junge und alte, schwarze und weiße, Protestanten und Katholiken, um ein wenig am Baumstumpf zu beten.« Und um ein wenig in seinem Laden einzukaufen. Sie hängten dem Baumstumpf ein Kreuz an einer blauen Kette um, davor stellten sie einen kleinen Altar auf mit einem ewigen Licht, einer Rose und Weihwasser in einer Plastikflasche in Form der heiligen Jungfrau.

Dem örtlichen Pfarrer Willie Russell ist die Sache ein wenig suspekt, weil er keine Kontrolle darüber hat. Er sagte: »Da gibt es nichts. Es ist bloß ein Baumstumpf. Man kann keinen Baum anbeten.« Nein? Und was ist mit den ganzen Kreuzen und Madonnenschnitzereien, die früher auch mal Bäume waren? Außerdem ist es allemal erfolgversprechender, einen Baumstumpf um einen Wirtschaftsaufschwung zu bitten, als sich auf die irische Regierung zu verlassen.

Die Heiligen helfen übrigens nicht nur bei Wirtschaftskrisen, sondern auch bei den Tücken des Alltags. Für Kopfschmerzen ist der heilige Stephan zuständig. Er ist im Jahr 35 zu Tode gesteinigt worden. Stephan weiß also, was es heißt, Kopfweh zu haben. Seine Kollegin Agathe ist die Schutzpatronin der Brüste. Auch ihre Qualifikation ist makellos: Weil sie sich den Zudringlichkeiten eines römischen Konsuls erwehrt hatte, ließ er ihr die Brüste abschneiden. Ihr Wahrzeichen ist seitdem ein Tablett, auf dem zwei Brüste ruhen. Das führte im Laufe der Jahrhunderte zu Verwechslungen, weil viele Menschen die Brüste für Glocken hielten. So wurde sie auch die Schutzpatronin der Glöckner.

Erasmus verdankt seinen Ruf ebenfalls einem Missverständnis. Weil er während eines schweren Gewitters unaufhörlich betete, machten ihn die Seeleute, die Unwettern ja besonders ausgesetzt sind, zu ihrem Heiligen. Sein Symbol ist eine Winde, was merkwürdigerweise Gerüchte nährte, wonach man ihm bei lebendigem Leibe die Gedärme herausgerissen habe. Fortan kümmert er sich auch um Darmkoliken. Agathe und Erasmus sind freilich nicht die einzigen Heiligen mit Nebenjobs. Sankt Georg hilft nicht nur gegen böse Drachen, sondern auch gegen Lepra, Pest und Syphilis. Ist man sich bei der Syphilis nicht ganz sicher, sollte man sich vorsichtshalber an Sankt Fiacre wenden, einen Iren, der sich in einer französischen Einsiedelei niederließ und dort im Jahr 710 starb. Er ist hauptberuflich für allgemeine Geschlechtskrankheiten und für Hämorrhiden zuständig. Sein Symbol ist ein Spaten, weil er auch der Schutzpatron der Gärtner ist. Ärzte beten dagegen zu den Zwillingen Sankt Cosmas und Sankt Damian, die sich einen Ruf als Transplantations-Spezialisten erworben haben. Es gibt ein Bild, auf dem sie einem schwarzen Patienten ein schneeweißes Bein annähen. Damals konnte man wohl nicht sehr wählerisch sein.

Und Sankt Disen? Er war angeblich ein irischer Mönch, der sich – wie so viele seiner Kollegen – im Mittelalter auf den Weg nach Germanien gemacht hatte. Unterwegs kam er in Bradnich in der englischen Grafschaft Devon vorbei. Weil es dort weit und breit keine Kirche gab, baute er eigenhändig ein hölzernes Gotteshaus, bevor er weiterzog. So steht es jedenfalls in einer Biographie des Heiligen, die Pfarrer Charles Crossliegh aus Bradnich vor hundert Jahren verfasst hat. Leider gab er für seine Informationen über Disen keine Quellen an. Den Dorfbewohnern war das freilich egal, sie stifteten ihrem Schutzpatron eine Statue und gründeten eine Partnerschaft mit dem deutschen Ort Disibodenburg, der – wie sie glaubten – nach demselben irischen Mönch benannt sein musste. Umso größer das Entsetzen, als der Historiker Nicholas Orme von der Universität Exeter nachwies, dass die ganze Sache auf einem Missverständnis beruht: Es gab niemals einen Disen, und die Dorfbewohner haben mehr als 150 Jahre lang am 8. September, Disens Geburtstag, einen Mythos gefeiert. Bis 1831, so fand Orme heraus, war die Kirche dem heiligen Denis gewidmet, doch dann stellte der damalige Pfarrer einen legasthenischen Kirchenschreiber ein. So wurde Denis zu Disen.

Wenn die Pfaffen wüssten, dass »Disen« die nordgermanische Bezeichnung für Fruchtbarkeits- und Schicksalsgöttinnen, geisterhafte Frauen und Geburtshelferinnen ist. Disen sind die Schutzgeister der Männer in Frauengestalt. So etwas können die Priester heutzutage allerdings gut gebrauchen, denn der Respekt vor ihnen hat in Irland erheblich nachgelassen, wie auch Father Joe feststellen musste.

Es geschah auf einer Beerdigungsfeier, ein Nachbar war gestorben. In Irland ist es Sitte, dass nicht nur die Verwandtschaft, sondern auch Arbeitskollegen und die Nachbarschaft beim Begräbnis aufkreuzt. Die Anzahl der Trauergäste lässt Rückschlüsse auf die Beliebtheit des Verstorbenen zu. Nichts ist peinlicher als leere Kirchbänke, obwohl es der Hauptperson vermutlich ziemlich egal ist.

Father Joe, der die Messe las, ist ein junger Pfarrer aus Nordirland. Er ist gerade 37 geworden und bildet sich ein, modern zu sein. Wenn er dem lokalen Jugendclub einen Besuch abstattet, erwartet er, dass die Kids jubeln, denn »Father Trendy« ist einer von ihnen, wie er glaubt. Auch was die Technik betrifft, geht der coole Pfaffe mit der Zeit. Wo die Kollegen sich die Stimmbänder wund reden, um die Sünder in der letzten Reihe – und dort sitzen garantiert nur Sünder – zu erreichen, hat Father Joe sich ein kleines schnurloses Ansteckmikrofon besorgt, wie man es aus dem Fernsehen kennt. Damit ist er zwischen Altar und Kanzel mobil, während seine Stimme über Lautsprecher in den letzten Winkel des Gotteshauses dringt.

So auch bei der Beerdigungsfeier. Der Verstorbene war sehr beliebt gewesen, deshalb war die Kirche in der Dubliner Iona Road gerammelt voll. Nur in der ersten Reihe gab es noch ein paar Plätze. Unsere Freundin Mary und ihre beiden Töchter blieben jedoch lieber hinten stehen. Das aber passte Father Joe nicht. Mitten in der Predigt winkte er Mary zu und deutete auf die leeren Stühle. Mary schüttelte den Kopf und blieb, wo sie war.

Der Pfarrer ließ nicht locker. Nach einer Weile zeigte er abermals auf Mary und orderte sie mit einem Wink des Zeigefingers nach vorne, wie Schullehrer es mit einem ungezogenen Kind tun. Mary blieb standhaft und schüttelte erneut den Kopf. Auch ein moderner Pfarrer erwartet von seinen Schäfchen Gehorsam. Wutentbrannt kletterte Father Joe aus der Bütt und marschierte quer durch die Kirche auf Mary zu. Ihre Töchter machten sich vorsichtshalber Richtung Ausgang aus dem Staub.

Der Priester packte Mary an den Schultern und schob sie vor sich her, was er im Nu bereute. Mary drehte sich um und schnauzte ihn an: »Finger weg von mir. Wenn ich nein sage, dann meine ich nein.« Da Mary dem Priester nur bis zur Schulter reichte, war ihr Mund genau auf Höhe des Ansteckmikrofons. Der Gemeinde stockte der Atem. Einem Priester die Bedeutung des Wörtchens »nein« zu erklären, haben in den vergangenen Jahrhunderten nicht mal die Messdiener geschafft. Father Joe zog hochroten Kopfes wieder zu seinem Altar zurück.

Beim Pfaffenhandschütteln nach der Messe sagte Father Joe zu Mary, dass es ihm leid täte, wenn er sie in Verlegenheit gebracht habe. »Ich heiße Mary«, giftete sie erneut ins Mikrofon, das der Pfarrer aber vorsichtshalber ausgeschaltet hatte, »und mich bringt niemand in Verlegenheit.«

Eine Woche später heiratete Marys Bruder, und sie war zum häuslichen Umtrunk eingeladen. Genau wie Father Joe, der bei Marys Anblick einen Anfall von Verfolgungswahn erlitt. Er soll inzwischen um seine Versetzung ersucht haben: Als Gefängnispfarrer ist er vor Mary ziemlich sicher.

Liegt es an Menschen wie Mary, dass das Priesteramt zu den gefährlichsten Berufen in Irland zählen soll? Es sind nicht nur die teuflischen Versuchungen, denen die Pfarrer ausgesetzt sind, sondern vor allem weltliche Übeltäter, die ihnen an den weißen Stehkragen wollen. Das hat jedenfalls die Erhebung der Avon-Silberschmiede aus dem englischen Hertfordshire ergeben. Warum ausgerechnet im katholischen Irland die Geistlichen andauernd verhauen werden, hat das Unternehmen nicht herausgefunden. Aber die Silberschmiede hat ein nützliches Gerät entwickelt, das den Priestern Schutz bietet. Sie können ein preiswertes silbernes Kruzifix an einer Halskette per Mail-Order bestellen.

Weil aber selbst der frommste Pfarrer weiß, dass ein Kreuz höchstens gegen Untote hilft, aber gegen lebendige Hooligans eher machtlos ist, hat man das priesterliche Arbeitsgerät etwas modifiziert: Reißt man den gekreuzigten Heiland von der Kette ab, stößt er einen Heulton aus, der noch in 50 Meter Entfernung zu hören ist.

»Wir haben festgestellt«, sagte Michael McCarthy von der Avon-Silberschmiede, »dass immer mehr Geistliche während der Ausübung ihres Amtes angegriffen werden. Wir merkten außerdem, dass sie Alarmanlagen oder andere Schutzvorrichtungen nur ungern offen tragen. So beschlossen wir, eine Alarmanlage zu erfinden, die unauffällig und benutzerfreundlich ist.« Die gellende Sirene soll Tote auferwecken können, aber gegen diesen Nebeneffekt ist der Pfarrer ja dank des Kreuzes gefeit.

Das silberne Alarmkreuz ist vermutlich erst der Anfang. Sollte sich der kreischende Jesus bewähren, stehen den Sicherheitsfirmen viele Möglichkeiten offen, um die bedrohte Geistlichkeit gegen Gefahren aller Art zu wappnen. Der Weihrauchbehälter zum Beispiel, den die Pfarrer während der Messe schwenken, könnte mit CS-Gas gefüllt werden, um die aufmüpfige Gemeinde in Schach zu halten. Bischofsringe, die Elektroschocks aussenden, heilige Amulette, die beim Öffnen Säure verspritzen, mit K.O.-Tropfen versetzter Messwein – der Phantasie sind keine Grenzen gesetzt.

Dank des Alarmkreuzes können die Pfarrer beruhigt in die Zukunft blicken. Ein Sprecher der katholischen Kirche in Irland sagte jedoch misstrauisch: »Ich finde, die Alarmvorrichtung klingt wie ein Trick.« Vielleicht hat er recht, denn das Silberkreuz könnte sich gegen den frommen Träger wenden, wenn er seiner Nebenbeschäftigung nachgeht – dem Kindesmissbrauch. Künftig müssen die Chorknaben nur kräftig am Jesuskreuz ziehen, wenn ihnen der Pfarrer zu nahe kommt.

Aber nicht nur die quiekenden Alarmkreuze können Angst und Schrecken verbreiten, sondern mitunter auch normale Holzkreuze. Lilly war ihr ganzes Leben lang eine tiefgläubige Katholikin gewesen. Ihr Haus war mit Kreuzen, Weihwasserbehältern und anderen Devotionalien bestückt, auf der Toilette hing ein Bild vom Papst. Morgens betete sie ihre Rosenkränze, abends ging sie zur Messe. Darüber hinaus hatte sie eine Liste von Gebeten, die sie wie eine Einkaufsliste täglich nach Erledigung abhakte. Es waren besondere Gebete, zugeschnitten auf die Sünder in Familie und Freundeskreis, für die sie Gnade erflehte. Dazu gehörten ihre fünf Kinder, die schon lange keine Kirche mehr von innen gesehen hatten. Lilly war mit ihrer Religion vielbeschäftigt.

Dann stand eines Tages eine Frau vor der Tür, die im Haus gegenüber wohnte. »Du bist keine Christin«, zischte sie der entsetzten Lilly ins Gesicht. »Ich habe ein Kreuz aufgehängt, damit du bekehrt wirst.« Es hing in ihrem Schlafzimmerfenster im ersten Stock und füllte den gesamten Rahmen aus – es musste eine Sonderanfertigung sein, noch dazu mit weißer Leuchtfarbe angestrichen, so dass es bei Nacht in der Luft zu schweben schien.

Die arme Lilly litt sehr unter dem Terrorkreuz. Der Nachbar riet ihr, die Missionarin und ihr leuchtendes Werkzeug nicht ernst zu nehmen, sie sei verrückt. »Aber wie kann ich es ignorieren«, meinte Lilly, »wenn mich das Kreuz jedesmal anstrahlt, wenn ich den Vorhang aufziehe?«

Ob sie aus Gram gestorben ist, weiß man nicht. Jedenfalls ging es seit der Kreuzerscheinung mit Lilly bergab, die Familie musste mit dem Schlimmsten rechnen. Der Pfarrer saß mit dem Handy am Ohr in den Startlöchern, um ihr die Sterbesakramente zu verpassen. Weil man sie nicht unnötig erschrecken wollte, wartete man damit jedoch, bis sie selbst nach dem Priester schickte. Drei Tage vergingen, Lilly dämmerte im Halbschlaf vor sich hin, den Pfarrer erwähnte sie nicht.

Dann, am vierten Tag, richtete sie sich plötzlich im Bett auf und rief nach ihren Kindern. Jetzt ist es soweit, dachten die, sie will die Sterbesakramente. Weit gefehlt. »Breda«, rief Lilly ihre älteste Tochter, »Breda, komm her.« Und Breda setzte sich zu ihrer alten Mutter ans Bett. »Breda, ich habe in meinem ganzen Leben keinen Champagner getrunken.« Die Kinder hatten vorgesorgt, so glaubten sie: Vom Rosenkranz aus bestem Sandelholz über Marienbildchen bis hin zu heiligem Wasser aus Lourdes war alles parat. An alles hatten sie gedacht, nur auf weltliche Gelüste waren sie nicht vorbereitet.

Champagner? Woher in der Nacht nehmen? Die Getränkehandlungen waren längst geschlossen. So schwärmten Kind und Kegel in die Nachbarschaft aus und klingelten die Leute aus den Betten. Es sei ein Notfall, erklärten sie, und daher sehr dringend – man wolle Lilly den letzten Wunsch erfüllen. Aber welcher Ire hat schon eine Flasche Champagner in Reserve?

Das Unglück wollte es, dass Lillys Neffe Joe am Haus gegenüber klopfte, denn er wusste nichts vom Bekehrungseifer der Kreuzritterin. Für die war der Fall klar: »Sie stirbt und verlangt nach Champagner«, schnaubte sie verblüfft. »Ich wusste, dass sie keine Christin ist.«